N & K

Ruedi Leuthold

Brasilien

Der Traum vom Aufstieg

Nagel & Kimche

Der Verlag dankt
KANTON LUZERN
Kulturförderung
SWISSLOS

1 2 3 4 5 17 16 15 14 13

Herstellung: Andrea Mogwitz und Rainald Schwarz
Satz: Gaby Michel, Hamburg
Druck und Bindung: Friedrich Pustet
ISBN 978-3-312-00579-6
Printed in Germany

MIX
Papier aus verantwortungsvollen Quellen
FSC® C014889
FSC
www.fsc.org

Socorro und das Prinzip der brasilianischen Politik

Es ist früher Morgen, ein Wolkendeckel hockt über dem flachen Land aus Wasser und Wald, darüber die aufgehende Sonne in Rot. Ein Elf-PS-Motor hält Joaquims Kahn gegen die aufkommende Flut auf Kurs. Der Fischer sitzt auf einem Aufbau im Bug, er hat das Steuerseil um den Bauch gebunden, gleicht geduldig die Bewegungen seines Gefährts aus. Es wirkt, als würde er selbst, angeschirrt wie ein Ochse vor dem Pflug, das Boot vorwärtsschleppen. Maria de Socorro, seine Tochter, hat auf einer windgeschützten Bank hinter ihm Platz genommen. Manchmal reicht sie dem Vater Wasser oder einen Schluck Kaffee. Ihr linkes Auge tränt.

Joaquim ist Fischer im Mündungsgebiet des Amazonas, und in dem riesigen Wassergebiet kennt er fast jede Insel. Das Becken sammelt ein Drittel allen Regenwassers der Erde, mit dem Fluss kommt fruchtbarer Schlamm aus den Anden, der sich an den Ufern ablagert, und deshalb lassen sich die Menschen hier nieder, nah der Schöpfung, weit weg von einem barmherzigen Gott.

Und noch weiter weg von Brasília.

Seine Tochter, die er auf den Namen Maria de Socorro getauft hat, war schon einmal in Brasília. Dort saß sie im Büro des Staatspräsidenten.

Brasilien, heißt es, sei nichts für Anfänger. Socorro ist keine Anfängerin, obwohl sie weder lesen noch schreiben kann. Auch der Präsident, bei dem sie im Büro saß, besuchte die Schule bloß vier Jahre lang. Auch er machte sich auf der Straße schlau. Socorro ist eine Fortgeschrittene. Seit sie in

Brasília war und im Büro des Präsidenten saß, weiß sie, wie ihr Land funktioniert.

Ihr Vater Joaquim weiß, wie man überlebt. Auch er ging nie zur Schule. Arbeitete, bis er sich ein eigenes Boot kaufen konnte. Mit sechzehn begann er, die Fischgründe und Wasserwege zu erkunden. Reiste tagelang flussaufwärts bis nach Manaus, abwärts bis zu den Inseln von Bailique, nahe der Mündung in den Atlantik. Einmal fing er einen achtzig Kilogramm schweren Wels, und als er vierundzwanzig war, nahm er sich eine Frau. Er fand sie auf der Ilha Rasa, einem kleinen Eiland im Archipel der großen Flussinseln Marajó. Maria das Graças war vierzehn, ihre Familie war gegen die Verbindung, weil Joaquim gern dem Schnaps zusprach. Der Fischer entführte das Mädchen, und als aus Gründen der Vernunft niemand mehr etwas dagegen haben konnte, kehrten sie zurück. Dem ersten Kind folgten sieben weitere, und Joaquim hörte auf zu saufen. Er ist ein verantwortungsbewusster Vater und Ehemann. Maria Socorro ist ihr drittes Kind, als einziges hatte es helle Haare, die lang und länger wurden. Ihre vielen Tanten ließen nicht zu, dass Socorros blondes Haar je geschnitten wurde. Jeden Sonntag kämmten sie es und erfanden neue Frisuren für ihre Prinzessin.

Joaquim sitzt stumm auf seinem Bock. Sein Boot ist alt und lottrig, der Teer, der die Spalten stopft, ist nicht mehr dicht, Joaquim fürchtet, dass es den nächsten großen Sturm nicht überdauern wird.

Wasser und Himmel. Am Horizont, im Gegenlicht, ein dünner schwarzer Streifen, der unendliche Wald. Für die Forscher ist Amazonien der letzte weiße Fleck auf der Landkarte. Die höchsten Bäume wachsen zwanzig Stockwerke hoch. Das Dach des Urwalds ist so unerforscht wie die Urtiefe der Weltmeere. Im Mikroklima der Obergeschosse gedeihen Bromelien, Orchideen, Kakteen und Farne, die noch keine Namen haben. Hier leben Affen, Vögel, Schlangen und Ratten, die nie bis zum Boden kommen, Flechten, Pilze und Tausende von Kleinstlebewesen. Fällt ein Urwaldriese, über Hunderte von Jahren gewachsen, einige hundert Tonnen schwer, so stirbt ein Universum, das noch kaum erforscht ist.

Amazonien beherbergt ein Viertel aller Lebewesen des Planeten; und seine Biodiversität ist längst nicht ausgemessen; Botaniker fanden auf einem einzigen Hektar mehr unterschiedliche Pflanzen als in ganz Europa, und auf einem einzigen Baum zählten Insektenforscher achtzig Ameisenarten, doppelt so viele wie auf allen britannischen Inseln zusammen. Aber von Joaquims Boot aus wirkt alles etwas eintönig und langweilig, und wenn diese Einöde aus Wald und Wasser und verborgenen Sandbänken die Vision des Paradieses ist, dann meint man den Sündenfall schon etwas besser zu verstehen.

Denn das Land, das mit 3,9 Millionen Quadratkilometern weltweit die größte Fläche an Tropenwäldern besitzt, ist auch Weltmeister im Abholzen, täglich gehen im Schnitt vierzig Quadratkilometer Regenwald verloren.

Was macht dich traurig, Joaquim?, frage ich den Mann mit dem Steuerseil um den Bauch. Joaquim ist dreiundsechzig, kräftig und hager, die Haare militärisch kurz. Der mächtige Schädel und seine braune Lederhaut lassen ihn unerschütterlich erscheinen.

Aber jetzt beben seine Schultern, er beugt den Kopf zum Herzen, und Tränen tropfen auf das schwarz-rosa Leibchen, das ihm seine Frau aus einer Kleidersammlung nach Hause gebracht hat.

Seine Tochter Socorro reicht ein Tüchlein nach vorn.

Am Horizont kreuzen zwei riesige Containerschiffe, vollbeladen vielleicht mit Soja, mit Fleisch, mit Orangen, auf dem Weg nach China, Nordamerika, Europa. In der globalisierten Wirtschaft deckt Brasilien den Tisch der Welt.

«Auf der Insel», sagt Joaquim. «Wenn wir auf der Insel sind, werde ich dir erzählen, wie ich von einem wohlhabenden zu einem armen Mann wurde.»

Ich bin kein Anfänger in Brasilien. 1978 kam ich zum ersten Mal ins Land, dann lebte ich längere Zeit in Peru, danach wieder in der Schweiz, seit einigen Jahren in Brasilien. Aber ich bin kein Eingeweihter.

Zum Eingeweihten wird man, indem man eine Brasilianerin heiratet. Die Frauen hüten die Geheimnisse ihres Landes, und sie halten es zusammen. Das tun sie nicht immer mit diesem verheißungsvollen Lächeln, das den Fremden bezaubert, und sie brauchen dazu auch nicht immer diese sanften, Poeten wie Architekten faszinierenden Rundungen. Sie brauchen ihren Kopf, und der weiß genau, was er will und wohin. Ein Fremder, der in Brasilien nicht weiß, woher er kommt und wohin er will, kann sich rasch verlieren.

Es gibt einen noch härteren Weg, um in Brasilien zu einem Eingeweihten zu werden: Geschäfte machen. Das Hindernis besteht nicht bloß in der Bürokratie, die immer wieder für ein Magengeschwür gut ist. In Brasilien muss ein mittleres Unternehmen 2600 Stunden einsetzen, um seine Steuerformalitäten zu erledigen. In der Schweiz sind es sechzig Stunden. Das Problem liegt tiefer. Brasilien wurde, wie die umliegenden Länder, von Abenteurern entdeckt, von Ausbeutern und Sklaventreibern kolonisiert und von einer hochmütigen Verwaltung kontrolliert. Nur hat hier, im Unterschied zu den Nachbarländern, nie ein Befreiungskampf oder ein Unabhängigkeitskrieg stattgefunden. Es hat nie eine Revolution gegeben, keine Aufklärung hat das Land erreicht, und keine 68er-Bewegung hat den Popanz der selbstherrlichen Bürokratie hinweggefegt. Die alten Mentalitäten leben weiter, nicht immer sehr raffiniert verborgen unter dem breiten Mantel der Demokratie. Ein unsichtbares Band hält die dominierenden Kräfte dieser Gesellschaft zusammen, gestrickt aus Gewalt und Schuld, und wer dazugehören will, muss einen Eintrittspreis bezahlen. Schmiergeld hinterlegen, Beamte bestechen, Schutzgeld entrichten – ein mafiöses Ritual, ungeschriebenes und doch eisernes Gesetz, fordert es den Ankömmling heraus, sich die Hände schmutzig und damit zum Komplizen zu machen. Auf die eine oder andere Art.

Einen Toten, scherzen die Viehzüchter und Sojapflanzer in Amazonien, dem Wilden Westen Brasiliens, einen Toten hat jeder zugute.

Aber natürlich kann man in Brasilien auch Geschäfte machen, ohne jemanden umzubringen. Dann sollte man gute Freunde haben, viel Geld und Gottvertrauen. Oder das Glück, auf einer Insel der Modernität zu landen, in einer Oase der Exzellenz. Auch das gibt es, in der Verwaltung, in der Privatwirtschaft, in der Forschung.

Brasilien ist ein Land von der Größe eines Kontinents mit zweihundert Millionen Einwohnern, und es gibt wenige Behauptungen über das Land, deren Gegenteil nicht genauso zutreffend ist.

Ich bin unterwegs mit dem Vorsatz, dieses unsichtbare Band zu erfassen, den Geist, der das Land mit all seinen Widersprüchen zusammenhält. Ich bin kein Eingeweihter. Ich schaue bloß zu und denke mir meinen Teil, und das alles mit einem zusätzlichen Handicap.

Als Schweizer habe ich gelernt, was Demokratie ist. In einer Demokratie bestimmt die Mehrheit, was gemacht wird, jeder respektiert die demokratischen Institutionen, nur wenige nützen sie zum eigenen Vorteil aus. Das wusste ich, bevor ich lesen und schreiben konnte, und im großen Ganzen hat es sich in der Folge bestätigt: Ein verlässlicher Staat und vorzügliche Schulen schaffen Chancengleichheit und ermöglichen wirtschaftliche Prosperität – besonders in Ländern, die mit Rohstoffen nicht gesegnet sind.

Brasilien ist ein unglaublich reiches, mit Rohstoffen gesegnetes Land – und vom Idealzustand der Demokratie etwa so weit entfernt wie ein Bordell vom Kloster. Seltsam nur, dass sich die meisten Menschen darin glücklich fühlen. Auf dieser Reise, vom Amazonas hinunter in den Süden, möchte ich herausfinden, woraus dieses Glück besteht. Und ich möchte mir auch ein Stück davon abschneiden. Es kann doch nicht sein, dass die ganze Welt hier Feste feiert und ich der Einzige bin, der Magenkrämpfe bekommt, wenn er sich, nur als Beispiel, das brasilianische Schulsystem vor Augen führt: Gemäß den Pisa-Studien ist die brasilianische Volksschule schlecht; in Mathematik erreichten die Schüler den dreiundfünfzigsten Platz bei siebenundfünfzig teilnehmenden Ländern. Deshalb schicken reiche Brasilianer ihre Kinder in Privatschulen. Damit haben sie alle Chancen, die Eintrittsprüfungen in eine staatliche Universität zu bestehen. Die staatlichen Universitäten sind gut, und sie sind gratis. So bewahrt sich die Elite ihre Privilegien, während sich die Kinder aus schwachen sozialen Schichten nach Besuch der öffentlichen Grundschule in schlechte und teure Privatuniversitäten einschreiben müssen.

Das Problem ist längst erkannt, und brasilianische Publizisten haben es auch schon viel schärfer auf den Punkt gebracht. Nur können sie offenbar auch gut damit leben, dass sich nichts verändert.

Vor jeder Wahl versprechen die Politiker eine Reform, die bis jetzt nie stattgefunden hat. Seit rund zehn Jahren ist die Linke an der Macht, zuerst mit Präsident Lula da Silva, dann mit der von ihm bestimmten Nachfolgerin Dilma Rousseff. Beide haben, außer einigen kosmetischen Veränderungen, nichts getan, um die Misere zu beheben, die nicht nur einem großen Teil der Jugend das Recht auf Bildung beschränkt, sondern die ganze zukünftige Entwicklung des Landes behindert.

Warum? Vielleicht, weil sie nicht können. Weil die konservativen Kräfte zu stark sind und keine grundlegenden Reformen zulassen. Vielleicht, weil sie zu bequem wurden. Weil sie zu sehr verliebt sind in die Macht, die ihnen vorenthalten war über viele Jahre, und weil sie vergessen haben, wofür sie antraten. Vielleicht auch, weil die Kultur des Jeitinho zu stark verankert ist in der nationalen Identität, und weil darin radikale Veränderungen nicht vorgesehen sind. *O Jeitinho* bezeichnet die Kunst, sich mit einem Trick aus einer selbstverschuldeten Notlage zu befreien. Es ist die Kunst, die eigene Haut zu retten, ohne das Gesicht zu verlieren. Es ist die brasilianische Art, einen Kompromiss zu schließen zwischen kühnen Träumen von einer besseren Welt und den traurigen Umständen, die sie zur Hölle machen.

Es wird nirgendwo so viel geträumt wie in Brasilien. Deshalb gibt es so viele Kirchen und Lotteriebuden. Die Brasilianer messen sich an ihren Träumen, nicht an deren Scheitern. Deshalb verkünden die politischen Parteien keine Programme, nur Versprechen. Die schönsten Träume werden zu Liedern. Brasilien ist ein sehr musikalisches Land, seine Bewohner sind jederzeit bereit, mit einem Lied in den Himmel der schönen Hoffnungen zu entschweben. Denn auch die Hölle ist ganz nah.

Es ist Mittag, als wir Ilha Rasa erreichen, die flache Insel, und Joaquim sein altes Boot ankert. Die Insel misst 2757 Hektar, ein paar Baumstämme, ins trübe Wasser gelegt, führen an Land. Die Bewohner, ein paar Hundert, sind alle verwandt miteinander, sagt Socorro. Sie lacht, klettert rasch über die Stege und Brücken ihrer Kindheit. Ihr Großvater, zweiundachtzig, kam auf der Insel zur Welt, seine Nachkommenschaft zählt vierzehn Kinder, vierundfünfzig Enkel und vierundzwanzig Urenkel. Die Verwandten wohnen in einfachen Hütten mit Dächern aus Palmblättern, sie kochen über einem Holzfeuer, schlafen in Hängematten. Auch Socorro, die in der Stadt wohnt, hat sich bis heute nicht daran gewöhnt, in einem Bett zu schlafen. Sie umarmt ihre Tanten, die ihr jeden Sonntag die Haare kämmten.

Wenn der Motor eines Flugzeugs die Geräusche des Waldes übertönte, rannten sie zum Fußballplatz und winkten zum Himmel. Es ist Mai, die Regenzeit in den Anden vorbei, das Wasser hat das Amazonasdelta erreicht, und vom Fußballfeld sieht man jetzt nur die Querlatten der Tore. «Bist du es, Socorro?», fragt der Großvater, fast blind geworden, seit ihn vor wenigen Jahren ein Skorpion stach. «Warst du wieder in Brasília?» – «Nein», antwortet sie, «der Kampf ist gewonnen. Ich muss mich nicht mehr verstecken.» Der Großvater sitzt auf einer Bank, helles Licht blitzt durch die Ritzen zwischen den Brettern, die ihn vor Sturm und Wetter schützen. «Ein gutes Kind», sagt er. «Sie war immer ein gutes Kind.» Joaquim, der hier seine Frau raubte vor vielen Jahren, setzt sich zu ihm, und dann erzählt er, wie er von einem wohlhabenden zu einem armen Mann wurde.

Es war der 21. August 1988, und das Boot, das er damals besaß, trug den Namen José Luis. Joaquim hatte es erst kurz zuvor gekauft. Wie alle Boote, die sich in den flachen Gewässern des Archipels bewegen, befand sich der Motor im Innern des Bootes, eine zwei Meter lange Achse, 2300 Umdrehungen pro Minute, führte zur Schiffsschraube. Joaquim war ein erfahrener und vorsichtiger Fischer, und deshalb hatte er hölzerne Latten über die Antriebsvorrichtung gelegt. Er dachte daran, einen neuen Motor zu kaufen für sein zweites Boot, und deshalb wollte er jede Stunde für die Fischerei nutzen. Seine Frau kam mit und die drei ältesten Kinder, die er nicht unbeaufsichtigt zurücklassen wollte. Am frühen Abend fuhren sie hinaus zu einer unbewohnten Insel, Ilha dos Bichos. Die ganze Nacht lang schleppten sie das Netz die Küste entlang, Joaquim vom Boot aus, seine Frau vom Strand, sie fingen Trommlerfische, ein paar Raubwelse und eine schöne Anzahl Flusskrebse. Als sie morgens um sechs Uhr zum Lager zurückkamen, hatten die Kinder auf einem mächtigen Baumast schon ein Feuerchen entfacht und Kaffee zubereitet. Als sie endlich abfuhren, hüllte sich die Mutter in ein Leintuch und legte sich schlafen. Joaquim verstaute seinen Fang, die Kinder saßen vorn und bedienten das Steuerseil. Socorro stand auf. «Ich seh mal nach, ob Wasser im Boot ist.» – «Nein», sagte ihre ältere Schwester, «ich hab schon Wasser geschöpft.» Aber Socorro, die Kleinste, siebenjährig, wollte sich nützlich machen. Sie kletterte nach hinten, hob die Latten, und heute, vierundzwanzig Jahre später, erinnert sie sich nur noch daran, dass ein Windstoß in die Haare fuhr und diese vornüber fielen.

Als Joaquim aufsah, waren die Bootswände voller Blut, und das Haar und die Kopfhaut seines Kindes drehten in der Achse des Motors. Socorro kam erst wieder zu sich, als sie zurück auf ihrer Insel waren. Im Spital in Belém nahmen ihr die Ärzte Haut von den Oberschenkeln und spannten sie über Socorros Schädel, wo die Kopfhaut von der Nasenwurzel bis zum Nacken weggerissen war. Monate vergingen, die Wunde heilte nicht. Die Mutter harrte bei ihr aus, schlief auf dem Fußboden neben dem Spitalbett, bis ihr eine mitleidige Besucherin eine Matratze brachte. Auf der Insel erhielt Joaquim alle paar Wochen einen Anruf, das Geld sei alle. Zuerst verkaufte er seine Schweine, dann einen Motor, dann das Boot, den Kühlschrank, und so wurde er von einem wohlhabenden zu einem armen Mann. Nach anderthalb Jahren im Spital packte die Mutter ihr Kind und nahm es nach Hause. Innert weniger Wochen, warnten die Ärzte, werde es an einer Infektion sterben. Aber Maria das Graças war im Dschungel aufgewachsen und kannte seine Geheimnisse. Sie schickte ihren Mann, die Rinde vom Stamm des Pracuúba zu holen, einem Mahagonigehölz, frisches Holz vom Mombinpflaumen- und anderes vom Leopardenbaum. Die Mutter raffelte die Stücke, drei Mal täglich beträufelte sie Socorros Kopf mit dem Saft, den sie daraus presste, und nach wenigen Monaten war die Wunde verheilt. Weil das Kind weitere Pflege brauchte, tauschte die Familie das Haus auf der Insel gegen eine Hütte in einem Elendsviertel der Stadt Macapá im Mündungsgebiet des Amazonas.

Der Amazonas.

Nach neusten Messungen der längste Fluss der Welt. Seine entfernteste Quelle befindet sich in Yarupa, den eisigen Höhen der peruanischen Anden. Er beginnt als Bach mit dem Namen Huarco, wechselt einige Male den Namen, Rio Toto, Apurimac, Ene, Tambo, Ucayali, heißt Solimoes und wird nach dem Zusammenfluss mit dem Rio Negro auf der Höhe von Manaus zu diesem Fluss, der täglich so viel Wasser in den Ozean ergießt wie die Themse in einem Jahr.

Die Regenzeit ist noch nicht vorbei, am Himmel bekriegen sich Geschwader von dunklen Wolken. Wir verlassen die flache Insel, bevor die Flut wieder steigt. Auf seinen letzten 1500 Kilometern beträgt das Gefälle des Amazonas nur noch fünfzehn Meter, trotzdem beschleunigt die Strömung das alte Boot des Fischers beträchtlich.

Joaquim sitzt auf seinem Bock, Steuerseil um den Bauch, und achtet auf im Wasser treibende Äste und Baumstämme. Socorro erzählt. Manchmal stockt sie. Manchmal schweigt sie und schaut ins vorbeifließende Wasser. Ihr linkes Auge tränt. Beim Unfall, durch den sie Kopfhaut, Ohrmuscheln und Augenbrauen verlor, verletzte sich auch der Tränenkanal.

«Niemand kann nachfühlen, was es bedeutet, eine skalpierte Frau zu sein. Aber ich habe meine Identität, ich habe meinen Charakter, und wer glaubt, ich hätte mit der Kopfhaut auch mein Gehirn verloren, der täuscht sich. Zwar kann ich weder lesen noch schreiben, daraus mache ich kein Geheimnis, aber Angst habe ich keine. Auch nicht davor, in den Spiegel zu schauen. Das war einmal anders. Das war damals, als ich lernte, wie man aus einem Eisenrohr, etwas Holz und einem Stück Reifengummi eine Waffe bastelt, als Schrot benützten wir die Kettenteile gestohlener Fahrräder. Ich habe das Schießzeug hergestellt, auch Molotowcocktails, nur geschossen habe ich nie. Das machten die Jungs der Gangs untereinander aus. Aber ich habe das Schlechte gesehen auf dieser Welt, Drogen, viele Drogen, Gewalt, Prostitution, alles habe ich gesehen, und das war gut so. Das gab mir die Gelegenheit zu wählen. Ich entschied mich für den anderen Weg. Es geschah aus Verzweiflung damals, dass ich von Zuhause weglief und mich dieser Jugendgang anschloss, es war Verzweiflung, Depression, die Angst, dass mich nie jemand gern haben würde mit dieser Lederhaut auf dem Kopf und dem entstellten Gesicht. Damals war ich zwölf.

Jetzt bin ich dreißig, ich habe vier Kinder, Tiana, die Älteste, ist fünfzehn. Als ich in ihrem Alter war, ging ich nie zur Kirche. Dort war ich die Einzige, die den Hut aufbehielt, und deshalb schämte ich mich. In der Schule zerrten mir die Kinder den Hut vom Kopf. Deshalb ging ich nicht mehr zur Schule. Ich arbeitete als Haushaltshilfe, und dass ich schwanger wurde, war ein Unfall. Eigentlich eine Vergewaltigung. Der Mann, bei dem ich gearbeitet hatte, ließ mir ausrichten, er bringe mich um, wenn ich Anzeige erstatte. Deshalb sagte ich nichts. Bis heute kann ich an keiner Schule vorbeigehen. Ich muss weinen, wenn die Kinder stehen bleiben und mich anstarren. Das ist, glaube ich, das einzige Trauma, das mir geblieben ist. Sonst habe ich ein gutes Bewusstsein, und wenn man ein gutes Bewusstsein hat, schläft man gut und kann auch viel lachen.

Als ich Kind war, wollte ich Fischer werden wie mein Vater. Dann, als ich selber Kinder hatte, wünschte ich, sie könnten so stolz auf ihre Mutter sein, wie ich es auf meinen Vater war. Aber da gab es nichts, worauf sie stolz sein konnten. Ich verließ kaum das Haus. Wenn ich mit jemandem sprach, senkte ich den Kopf, wagte es nicht, einem andern in die Augen zu sehen. Der Spiegel war mein Feind, und ich dachte daran, mich umzubringen. Der Gedanke an die Kinder half mir, diesem schwarzen Loch zu entkommen. Ich wollte eine Mutter sein, auf die sie stolz sein konnten. Noch dachte ich, ich sei die Einzige mit diesem Problem. Ich wusste nicht, dass hier in Amazonien jedes Jahr zwanzig bis dreißig Mädchen und Frauen bei einem Bootsunfall skalpiert werden. Genaues weiß man nicht. Weil sich die Opfer verstecken. Und weil, wenn ein Kind stirbt, als Todesursache häufig bloß ‹Blutverlust› notiert wird. Deshalb gibt es keine Statistiken, aber bestimmt gibt es weit über tausend Opfer, und ohne den Kampf, den wir begonnen haben, gäbe es noch viel mehr. Mit eindundzwanzig lernte ich meinen Mann kennen. Er ist vierunddreißig Jahre älter als ich, und er machte mir Mut, unter die Leute zu gehen.

2006 lernte ich Reinilda kennen. Ihr Unfall passierte, als sie zwanzig war. Sie wollte Wasser schöpfen, und als sie im Boot den Kessel suchte, stolperte sie, und ihr Haar geriet in die Achse. Nach der Entlassung aus dem Spital suchte sie mich auf. Reinilda hatte mich einige Mal auf dem Markt gesehen, und jedes Mal hatte sie gedacht, mein Gott, wie hässlich ist die. Aber nun, da ihr das Gleiche passiert war, kam sie zu mir, und sie fragte: ‹Socorro, wie ist es, ohne Haare zu leben?› Ich klärte sie über alles auf. Über die Vorurteile, den Spott der Kinder, und dass niemand uns Arbeit gibt, weil die Leute unseren Anblick nicht ertragen. ‹Aber die schrecklichsten Vorurteile›, sagte ich ihr, ‹die haben wir selber. Die sitzen in uns. Die müssen wir besiegen. Wir müssen stark sein und die Schatten verjagen. Wir sind gezeichnet, aber wer weiß, vielleicht geschah alles nicht umsonst. Vielleicht geschah es, damit wir bessere Menschen werden. Dem Leben einen Wert geben. Nicht gleichgültig bleiben gegenüber dem Leid der anderen.› Die Freundschaft mit Reinilda hat mich stark gemacht; ich war nicht mehr allein. Durch eine Psychologin, die eine Doktorarbeit über skalpierte Frauen schrieb, lernte ich weitere Opfer kennen. Wir trafen uns, 2007, und ich sagte: ‹Wir müssen eine Genossenschaft bilden und für unsere Rechte kämpfen.› Jemand kannte einen Anwalt, und der sagte: ‹Genossenschaften sind für Leute, die ihre Arbeit organisieren wollen. Ihr braucht eine Vereinigung.› Wir hatten von nichts eine Ahnung. Aber wir gründeten die Vereinigung. Die Psychologin schrieb, dass jedes Opfer lange wie in einem Schockzustand lebe und Schwierigkeiten habe, den

Körper zu akzeptieren. Wir träumten davon, unsere Haare wieder zu haben. Aber davon sprachen wir nicht an unseren Versammlungen. Wir wollten, dass man uns so akzeptiert, wie wir sind. Und dass man uns schließlich hörte, haben wir dem Mut unserer Freundin Trindade zu verdanken. Ihrem Mut und ihrer Wut, die sie mit sich trug bis zum Tag, da sie am Frauenkongress auf den Tisch kletterte und sich die Perücke vom Kopf riss. Bis heute zittern mir die Knie, wenn ich daran denke.»

Jetzt schweigt die Frau lange, starrt ins Nichts, und plötzlich lacht sie: «Warte, bis du Trindade kennenlernst.»

Das Boot gleitet an grünem Ufer vorbei auf diesem Fluss, der so viele Träume transportiert, kleine und große.

Die Verheißung von Gold und Edelsteinen zog holländische, französische, englische und portugiesische Eroberer über den Atlantik. Der Traum vom Reichtum erfüllte sich aber erst, als Charles Goodyear eine Methode erfand, Kautschuk, aus Amazonasbäumen gewonnen, in elastischen Gummi zu verwandeln. Doch bald produzierten die Engländer den Kautschuk in ihren asiatischen Kolonien viel billiger als hier; Amazonien ging vergessen. In den 1970er Jahren begann das brasilianische Militär, geblendet vom Traum des Regenwalds als Landreserve und künftige Kornkammer der Menschheit, mit seiner gezielten Erschließung und Besiedlung. Kleinbauern rodeten den Wald, pflanzten Reis und Bohnen an, bis sich der wenig fruchtbare Boden bald erschöpfte. Sie zogen weiter, um dem Wald ein weiteres Stück Land abzugewinnen, hinterließen eine Einöde, auf welche die Viehzüchter ihre Herden trieben.

Und jetzt leben dreiundsiebzig Millionen Rinder und fünfundzwanzig Millionen Menschen im brasilianischen Amazonasgebiet, getrieben und getröstet von ihren Träumen.

Socorro träumt noch immer von langem, wehendem Haar, auch wenn sie weiß, dass sich dieser Traum nie mehr erfüllen wird. Dafür weiß sie jetzt, wie Brasilien funktioniert.

Im alten Boot ihres Vaters, über trübem Gewässer, unter einem von wilden Kräften bewegten Himmel erinnere ich mich an meinen eigenen Traum, damals, als Europas Jugend zur Musik der Beatles und der Stones gegen die Elterngeneration und ihre starren Gebote auf die Straße ging. «Marx! Sartre! Che Guevara!», jubelten meine Freunde. Einige Male nahm ich an verschwörerischen Sitzungen teil, einige Male ging ich mit auf die Straße.

Dann sagte ich: «Pelé!» Das war mein politisches Manifest. Es bedeutete: Irgendwo, weit hinter den sieben Bergen, gibt es ein Land, wo die Leichtigkeit herrscht und das Leben ein Karneval ist.

Und als dann, 1982, das leichteste und fröhlichste Fußballteam aller Zeiten, Brasiliens Mannschaft mit Sócrates, Zico und Falcão, das Finale der Fußball-Weltmeisterschaft gegen Italien verlor, ging eine Welt unter für mich.

Einen Tag lang wollte ich niemanden sehen, allein stieg ich auf den Pilatus, den Hausberg meiner Heimatstadt Luzern, und als ich zurückkam, beschloss ich, dass es Zeit war, meinen Schnauzbart zu rasieren, der mich seit dem ersten Flaum im Gesicht begleitet hatte, und endlich erwachsen zu werden.

Brasilien, so hatte einst der französische Präsident de Gaulle verkündet, sei kein ernsthaftes Land. Jetzt, da ich in Brasilien lebe, weiß ich, dass dies vielleicht das falscheste und unglücklichste Urteil ist, das über Brasilien je gefällt wurde. Es verleitet zur Annahme, das Zusammenleben hier sei eine fröhliche, auch ein bisschen kindliche Veranstaltung. Das Gegenteil ist richtig.

Die Leute, die ihr altes Geld vermehren, verstehen hier

keinen Spaß, wenn es darum geht, ererbte Macht und Einfluss zu verteidigen. Auch die Prediger und Politiker, die sich mit den Versprechen auf irdische Reformen und himmlisches Glück profilieren, nehmen sich und ihre Tätigkeit sehr ernst. Andernfalls würde auffallen, dass sie damit bloß ihre eigenen Geschäfte machen. Und die öffentlichen Beamten, die immer noch das ganze überhebliche Machtbewusstsein des kolonialen Verwaltungsapparats zur Schau tragen, kennen keinen Humor, wenn sie den Buchstaben des Gesetzes interpretieren. Auch wenn ihr System vielleicht nur darauf ausgerichtet ist, das Leben der Bürger zu erschweren, um schließlich im Geheimen einen Vorschlag zur Erleichterung anzubieten.

Ein deutscher Reisender, der sich in der damaligen Hauptstadt Rio de Janeiro auch in den örtlichen Bordellen herumtrieb, berichtete, die Huren in Brasilien seien die einzigen auf der Welt, die bei ihrer Arbeit einen Orgasmus hätten. Es würde mich nicht wundern, wenn dem so wäre. Selbst die Dirnen nehmen hier ihr Geschäft ernst, wie ihre Zuhälter auch, und alle anderen Banditen nicht weniger. Und deshalb ist Brasilien nicht unbedingt ein fröhliches Land, auch wenn es immer viel zu lachen gibt.

Für einen Europäer ist das nicht leicht zu verstehen, erst recht nicht, wenn er sein eigenes Land verlassen hat, um einer Depression zu entgehen. Die soziale Übereinkunft in Brasilien will, dass man sich fröhlich zeigt. Es ist unanständig, seine Sorgen zu zeigen. Vielleicht, weil sich davon eh niemand beeindrucken lässt. Vielleicht ist es auch bloß unvorsichtig, eine Schwäche zu offenbaren. Es könnte jemand auf die Idee kommen, sie auszunützen. Die Brasilianer träumen schöner und lügen besser. Das ist gut für die Tourismuswerbung und wirkt sich positiv auf die Volksgesundheit aus.

Drei Mal in Folge ermittelte das Institut Gallup aus einer Reihe von hundertdreiundfünfzig Ländern Brasilien als das Land, in dem die Menschen ihr Glück am höchsten einschätzen. «Dreifacher Weltmeister», jubelten die Zeitungen in einem Land, in dem zehn Prozent der ärmsten mit einem Prozent, zehn Prozent der reichsten Menschen mit fünfundvierzig Prozent am Gesamtkonsum beteiligt sind. Auch das ist ein Nationalsport: die eigene Bedeutung ein bisschen zu überhöhen. Das ist menschlich, aber die Brasilianer sind in dieser Beziehung noch etwas menschlicher als andere. Dieses Verhalten gehört zur Überlebenskunst in einer Demokratie, in der noch das Ideal der Aristokratie vorherrscht. Man arbeitet nicht. Man lässt arbeiten. Es gibt Leute, die befehlen, und die anderen, welche die Befehle ausführen. Und ganz viele, die so tun, als würden sie irgendetwas befehlen. Nur ist es meistens so wie in den vielen Restaurants, wo der Kellner stolz seine umfangreiche Speisekarte bringt und dann jede Bestellung ungerührt mit der Antwort quittiert: «Gibt es heute gerade nicht.» Das ist Brasilien – das meiste auf der Karte gibt es irgendwann schon, nur heute gerade nicht: sozialer Frieden, ein harmonisches Gleichgewicht zwischen den Rassen, tropische Leichtigkeit. Das gibt es auf den ersten Blick und vielleicht wieder auf den vierten oder fünften. Alles ist ein bisschen komplexer und widersprüchlicher, als es scheint.

Es gibt noch die Steinzeit der Urwaldvölker, es gibt noch gesellschaftliche Konventionen aus dem Mittelalter, es gibt das Selbstverständnis der Internetgeneration. Dazwischen bietet das Leben eine Vielzahl von Rollen an, von denen ein Europäer die meisten nur noch aus Büchern kennt. Jeder spielt eine Rolle, alle wissen es, und das schafft, über alle Klassen und Rassen hinweg, eine geheimnisvolle Verbundenheit. Auf dieser großen Bühne wird jede Rolle zelebriert und auch mit einem fast theatralischen Aufwand an Toleranz und Friedfertigkeit respektiert. Damit fühlt sich noch der ärmste Hund als Protagonist seines Lebens, und das macht bestimmt einen Teil seines Glücks aus. Fällt die Maske, bricht der Schein der friedlichen Übereinkunft rasch, und dahinter lauert eine wilde, unberechenbare Gewalt. Und weil auch das zum Schatz der allgemeinen Erfahrungen gehört, ist der optimistisch gereckte Daumen das Erkennungszeichen Brasiliens. Deshalb sind auch gesellschaftliche Anlässe sehr nett und von fast protokollarischer Fröhlichkeit. Man rühmt sich, klopft sich auf die Schulter und versichert sich, dass alles bestens, das Leben wunderbar und Brasilien auf dem besten Weg in eine glorreiche Zukunft sei.

Aber das Land ist riesig, es hat seine eigene Sprache, darin hervorragende Dichter und Sänger, und es kann sich den Luxus einer eigenen Wahrnehmung leisten. Es ist nur immer wieder verwunderlich, wie viele dieses Privileg dazu nutzen, seine Rückständigkeit als Fortschritt zu interpretieren. Fast möchte man annehmen, dies sei ein Merkmal des brasilianischen Nationalismus. Und die, die ihn am lautesten beschwören, sind die, die am meisten von der Rückständigkeit profitieren. Der Europäer ist es gewohnt, das Haar in der Suppe zu suchen. Der Brasilianer fragt sich, wie er aus dem Haar eine Suppe machen kann. Oder wem er das Haar sonst andrehen kann. Er beherrscht die Kunst des positiven Denkens. Aber vielleicht ist es einfacher, positiv zu denken, wenn es schlimmer gar nicht kommen kann.

Ob das so stimmt? Ich hoffe, es auf dieser Reise zu erfahren. Eine Reise vom Norden in den Süden, zurück in die Geschichte, hinein in die Seele Brasiliens. Die Reise beginnt am Amazonas, vielarmig unergründlich, von gegenläufigen

Strömungen durchsetzt wie das ganze Land. Jede Wahrheit ist trügerisch. Die Abgrenzungen zwischen Gut und Böse, Richtig und Falsch sind wechselhaft, und deshalb gibt es keine Helden in diesem Land. Es gibt höchstens Schuldige. Schuldige dafür, dass die Träume nie von der Realität eingeholt werden, dass die glorreiche Zukunft nie erreicht wird und das reiche Land nicht längst den gebührenden Platz eingenommen hat unter den führenden Nationen dieser Welt. Schuld sind die Portugiesen, die Schwarzen, die Großgrundbesitzer, die Militärs, der Kapitalismus, die Gewerkschaften. Je nach Gesprächspartner. Brasilien kennt keine Helden, nur Fußballspieler.

Vielleicht ist es aber auch tatsächlich ein glückliches Volk, das ohne Helden auskommt und damit ohne eine exakt bestimmte Identität. Dagegen spricht, dass in diesem Land bei jeder Gelegenheit die Nationalhymne gespielt wird. So viel Lärm erträgt kein gesunder Patriotismus, und deshalb kommt der Verdacht auf, dass die Hymne ans geliebte Vaterland und ans heroische Volk nichts anderes bekundet als die Sehnsucht nach Zusammengehörigkeit, die sich erst noch einstellen muss. Der Mangel hält das Land zusammen, der Mangel an allem, was eine Gesellschaft stark macht: Vertrauen, Bürgersinn, ziviles Engagement. Schuldgefühle und Schuldzuweisungen einigen das Land, Musik und Fußball versüßen die Leere. Aber alle hier sind mit der gleichen Realität der großen Kontraste konfrontiert, der unterschiedlichen Geschwindigkeiten, der unerfüllten Ansprüche, und daraus schöpft sich eine Lebenspraxis, die viel reicher und vielschichtiger ist als ihre gesellschaftliche Organisation. Die brasilianische Lebenskunst offenbart sich im Individuellen. So viele Menschen, denen es gelingt, die unauflösbaren Widersprüche, die unüberbrückbaren Gegensätze, die frohen

Lügen, die traurige Realität mit einem frechen Fußtritt herauszufordern – Alchimisten des Alltags, die Verzweiflung in ein Lächeln und Schmerz in eine Hoffnung verwandeln.

Von solchen Leuten will ich lernen. Von ihnen erhoffe ich, mehr über dieses Brasilien zu erfahren, das sich Weltmacht nennt und fast über Nacht zur sechstgrößten Wirtschaft der Welt aufstieg. Laut der offiziellen Arbeitslosenstatistik, von der Regierung sorgfältig nachgeprüft, liegt die Quote seit einiger Zeit bei etwa fünf Prozent. Unterschlagen wird dabei die Anzahl Personen, die nicht in den ordentlichen Arbeitsprozess integriert sind und es nie waren: fünfzig Prozent der arbeitsfähigen Bevölkerung. Die erfinden sich ihre Arbeit.

Der Bundesstaat Amapá umfasst das nördliche Mündungsgebiet des Amazonas, er grenzt an Französisch-Guayana und Surinam. Die Portugiesen nahmen das Gebiet 1638 in Beschlag, und dann vergaßen sie es wieder. Ende des 19. Jahrhunderts wurde dort Gold entdeckt. Erfolgreich verteidigte Brasilien Amapá gegen die Besitzansprüche Frankreichs. 1988 wurde daraus ein eigener Bundesstaat, das Fußballstadion seiner Hauptstadt Macapá liegt genau auf dem Äquator. Die eine Hälfte des Spielfelds liegt auf der nördlichen, die andere auf der südlichen Halbkugel.

Igarapé das Mulheres, Bach der Frauen, heißt das alte Hafenviertel der Stadt am Ufer des Amazonas, einige hundert Kilometer von der Küste flussaufwärts. Kähne und Hausbarken liegen im Hafen, das Wasser ist so trüb wie die Kneipen, aus denen Musik lärmt. Die Häuser sind ein- und zweistöckig, einige aus Holz gebaut. Eins davon, weiß angemalt, ist mit einer Anschrift versehen: *Das Haus der skalpierten Frauen*. Tiefer im Elend könnte meine Reise durch Brasilien nicht beginnen als hier bei diesen Frauen, arm und entstellt. Aber das ist ihr Haus, und mit diesem Haus haben sie sich

Würde und Respekt erkämpft. Hier treffen sie sich, knüpfen ihre eigenen Perücken. Hier stellt mir Socorro ihre Freundin Trindade vor. Trindade ist dreiundfünfzig.

«Früher konnte ich meine Geschichte nicht erzählen, ohne zu weinen. Heute erzähle ich sie, wie wenn sie jemand anderem passiert wäre. Früher fragte mich mein Sohn: ‹Mutter, wieso lachst du nie?› Ich sagte ihm: ‹Ich bin nicht die, die du siehst. In mir drin wohnt eine andere Person, aber die traut sich nicht heraus.› Heute getraut sie sich. Ich lache viel, tanze gern, am liebsten den Lambada-Zouk, eng und sinnlich. Es gibt Leute, die mich kritisieren, weil ich mich gern vergnüge. Aber mein Sohn kritisiert mich nicht. Er ist jetzt siebzehn und sagt: ‹Mutter, ich habe dich so lange traurig gesehen, tu jetzt nur noch das, was dich glücklich macht.› Du fragst mich, was mich so verändert hat? Der Kampf hat mich verändert, der Kampf um Respekt. Mein Unfall passierte in der Nähe von Portel auf der Insel Marajó, ich war sieben. Mein Vater betrieb einen Gemischtwarenladen, und ich begleitete ihn, wenn er mit dem Boot den Uferbewohnern Mehl, Zucker und Bohnen lieferte. Als ich im Boot drin stolperte, geriet das Haar in die Achse des Motors. Man brachte mich in die Krankenstation. Nach einer Woche besuchte mich die Mutter und danach nie mehr. Der Arzt ließ den Vater rufen. Mein Vater sagte: ‹Lasst sie sterben, ich gebe kein Geld aus für eine Leiche.› Klosterschwestern brachten mich in die Hauptstadt Belém, sieben Jahre lang blieb ich dort in einem Militärkrankenhaus. So lange dauerte es, bis mein Kopf die transplantierte Haut akzeptierte. Eine amerikanische Ärztin war bereit, mich zu adoptieren und mit in die USA zu nehmen, aber ich wollte zu meiner Familie zurück. Doch die wollte nichts mehr von mir wissen. Ein Prediger nahm mich auf, schließlich heiratete ich. Mein Mann führte einen kleinen Hof, und ich vermied es, unter die Leute zu gehen. Als unsere Kinder zu Schule gingen, stellte ich Leute an, die mich an den Elternabenden vertraten. Ich wollte nicht, dass die Kinder sich für mich schämen mussten. ‹Deine Mutter ist ein Nacktkopf›, riefen die Schüler. Mit dreißig trennte ich mich von meinem Mann. Ich zog in die Stadt, brachte uns mit Näharbeiten durch. Einmal saß ich mit meinem Sohn in einem Restaurant, als der Kellner mich bat, in einem andern Saal zu essen. Ein Gast habe sich beschwert, er ertrage es nicht, mein Gesicht zu sehen. Meinen Vater habe ich erst wieder getroffen, als er schon im Sterben lag. Er hat sich bei mir entschuldigt. Aber vielleicht habe ich das auch nur geträumt. Meine Freundinnen sagen mir, dass ich mir manchmal Sachen einbilde. Vielleicht liegt es auch am Kopfweh, das mich immer wieder plagt. Aber letztes Jahr verliebte ich mich in einen Jungen, und diese Geschichte ist bestimmt wahr. Wir verstanden uns gut, obwohl er wirklich jung war. Er wollte mich seiner Familie vorstellen. Es war ein Sonntag, wir fuhren mit dem Bus zu seinem Haus, und er stellte mir die Großmutter vor. Ich sah die Frau an, es wurde mir heiß und kalt, und ich sagte: ‹Diese Frau ist meine Mutter.› Arme Mutter, sie hat immer nur das getan, was mein tyrannischer Vater befahl. Aber mir sagt kein Mann mehr, was ich tun und lassen soll. Und von dem Jungen habe ich mich sofort getrennt, du lieber Himmel, ich hatte keine Ahnung, dass es der Sohn meiner Schwester war.»

Heute ist Sonntag, Socorro besucht Trindade im Hof ihres kleinen Backsteinhauses. Trindades Kopf ist von einem dicken Verband bedeckt. Socorro trägt einen Hosenanzug aus leichtem Stoff, mit schwarz-weißem Leopardenmuster. Ein kleiner Fernseher steht auf dem Wäschetisch. Aber jetzt ist nicht die Zeit für eine Telenovela. Sie erinnern sich an ihr eigenes großes Abenteuer, das sie bis nach Brasília führte, ins Büro des Präsidenten.

Es war im April 2007, und in jeder Gemeinde Brasiliens trafen sich die Frauen, um ihre Probleme zu diskutieren. Als Vorbereitung für den großen Frauenkongress in Brasília.

«Wir wussten ja nicht einmal, was ein Kongress ist», sagt Socorro und kichert. «Aber es ging um Frauen, und da wollten wir dabei sein.»

«Ja», bestätigt Trindade, «und wir wussten auch nicht, was Lesben sind. Wir kannten nur den Ausdruck, den man auf der Straße braucht.»

Socorro: «Sapatão. Klobige Stiefel.»

Trindade: «Die Lesben und die Schwarzen gerieten sich schon bald in die Haare. Alle wollten mehr benachteiligt sein, die Frauen schrien sich an.»

Socorro: «Da stand Trindade auf ...»

Trindade: «Ich sagte: ‹Ich bitte nur um eine Minute Aufmerksamkeit› ...»

Socorro: «Niemand beachtete sie ...»

Trindade: «Ich packte das Mikrophon und sprang auf den Tisch ...»

Socorro: «Ich hätte das nie gewagt. Das ist Trindades Mut. Das ist ihre Wut ...»

Trindade: «Ich stand auf dem Tisch und schrie ins Mikrofon. ‹Ich verstehe nicht›, sagte ich, ‹warum schwarze Frauen weiß werden wollen. Seid doch stolz auf eure Haut. Und ihr, klobige Stiefel, habt ja selber gewählt, was ihr seid, wo es doch genügend Männer auf der Welt gibt. Aber ich, ich habe es nicht gewählt, so auszusehen, wie ich aussehe. Ich habe es nicht gewählt, so zu leben› ...»

Socorro: «Dann nahm sie die Perücke ab ...»

Trindade: «Auf einen Schlag war es ganz still im Saal, stiller als in einer Kirche, ich stand da mit dem Mikrofon und wusste nicht mehr weiter. Schließlich sagte ich: ‹Ich bin nicht allein. Es gibt noch mehr skalpierte Frauen. Steht auf, Socorro, Reinilda, damit man euch sieht.›»

Socorro: «Ich wollte aufstehen, aber ich konnte nicht, meine Knie schlotterten und waren weich wie Käse.»

Trindade: «Danach wollte uns der Gouverneur sehen. Er sagte, er habe nie etwas gehört von diesem Problem der Bootsunfälle.»

«Daraufhin durften wir am nationalen Frauenkongress in der Hauptstadt Brasília teilnehmen», fährt Socorro fort, und sie erinnert ihre Freundin an den Typen von einer Nichtregierungsorganisation, der behauptete, er setze sich seit Jahren für skalpierte Frauen ein, da sei alles schon getan.

Trindade: «Da dachte ich daran, dass niemand mir die Medikamente zahlt, wenn ich vor Kopfweh sterbe, dass ich eine Perücke aus synthetischem Haar trage, die kratzt und juckt, weil mir das Geld fehlt für Naturhaare, ich dachte, es kann nicht sein, dass jemand mit unserem Leid Geschäfte macht, und schlug dem Mann das Mikrophon über den Kopf.»

«Das ist Trindades Wut. Ihr haben wir es zu verdanken, dass unser Anliegen auf den Tisch des Präsidenten kam. Sie hat uns in Brasília vertreten.» So lobt Socorro, und Trindade fährt fort:

«Der Frauenkongress lehnte unsere Eingabe ab. Wir kannten niemanden und hatten noch nicht einmal Statuten für unseren Verband. Aber einige Politiker wurden neugierig. Einer sagte, er finde es schrecklich, wie man mich zugerichtet habe. Er dachte, ich sei eine Indianerin und von den Feinden skalpiert worden. Niemand kannte das Leben am Amazonas. Der Gouverneur eines reichen Bundesstaats bot mir an, mir eine Operation zu bezahlen, um die Narben zu entfernen. Am letzten Tag saß Präsident Lula auf dem Podium, der Gesundheitsminister. Ich schlich mich nach vorn, ließ mich von keinem Polizisten aufhalten, ich stürmte auf die Bühne und sagte: ‹Ich bin nicht hergekommen, um zu betteln. Ich will kein Geld. Ich will Respekt.›»

Socorro: «Danach bekam sie einen Termin beim Gesundheitsminister, es gab eine öffentliche Anhörung im Kongress. Wir waren sechs skalpierte Frauen, und vor allen Abgeordneten und Senatoren nahmen wir die Perücken ab. Fünf Jahre lang hatte mein Mann mich nie ohne Perücke gesehen, und jetzt sah ich, mit nacktem Schädel, der ganzen Welt in die Augen.»

Trindade: «Damit erreichten wir, dass der Kongress ein Gesetz erließ, das die Bootsbauer verpflichtet, Motor und Achse abzudecken. Es garantiert den Opfern eine kleine Invalidenrente und Wiederherstellungschirurgie.»

Socorro: «Aber wie oft mussten wir nach Brasília reisen, um Druck zu machen.»

Trindade: «Ohne Geld, die Kinder ließen wir allein zu Hause, schliefen in Drecklöchern.»

Socorro: «Und als es nicht vorwärts ging mit der Umsetzung des Gesetzes, da sagte ich im Büro von Präsident Lula: ‹Wenn nichts geschieht, beschweren wir uns bei der internationalen Menschenrechtskommission.›»

Und so lernten die skalpierten Frauen, wie Politik in Brasilien funktioniert. Sie funktioniert nach dem Prinzip der erpresserischen Umarmung. Dieses Prinzip regelt auch die Beziehung zwischen Arm und Reich, es funktioniert im Umgang der Geschlechter und findet nicht selten Anwendung im komplexen Spiel von Räuber und Polizisten.

Am 22. April 1500 traf der portugiesische Seefahrer Pedro Álvares Cabral auf Land, das später Brasilien heißen würde.

Um das riesige Territorium zu verwalten, brauchte die portugiesische Krone Beamte, die mit den begehrten Handelswaren Gold, Diamanten, Tabak, Pfeffer und Brasilholz nicht ihre eigenen Geschäfte machten. Deshalb verlieh sie den Statthaltern das Recht, ihren Verwaltungsbezirk, Capitanias genannt, zu vererben, und räumte ihnen weitreichende Befugnisse ein: Zucker zu produzieren, Sklaven zu halten und Todesurteile zu fällen. Dort, wo Zuckerrohr angepflanzt und Gold abgebaut wurde, waren die Sklaven schon bald in der Mehrheit. Aus Angst vor der Übermacht räumten ihnen ihre Herren Rechte ein, von denen die Leidensgenossen in den spanischen Kolonien nur träumen konnten.

1808 floh der portugiesische Königshof vor den napoleonischen Truppen nach Brasilien. 1820, nachdem Napoleon besiegt war, kehrte König João VI. nach Europa zurück. Sein Sohn und Thronfolger Pedro I. blieb jedoch im Land, und er war es, der 1822 die Unabhängigkeit ausrief. Damit wurde das Prinzip der erpresserischen Umarmung, das alle Beteiligten zu Siegern macht, erfolgreich installiert: Das Mutterland Portugal behielt seinen Einfluss, ein blutiger Bürgerkrieg und interne Machtkämpfe blieben aus. Der neue König Brasiliens, selber ein überzeugter Gegner der Sklaverei, erduldete die Umarmung der Großgrundbesitzer und Sklavenhalter, und so wurde mit der Unabhängigkeit alles anders, und alles blieb gleich.

Die gegenseitige Abhängigkeit dauerte an bis 1889, als Pedros Tochter Isabel, nachdem England mit einem Wirtschaftsboykott nachgeholfen hatte, die Sklaverei endlich abschaffte. Von einem Tag auf den andern schlugen sich die Oligarchen auf die Seite der Republikaner, die Monarchie wurde abgeschafft, der König ins Exil geschickt. Mit dem Beginn des 20. Jahrhunderts verlagerte sich das Machtzentrum

Brasiliens von den Zuckerproduzenten im Nordosten zu den reichen Kaffeepflanzern in São Paulo und Minas Gerais. Eine Wirtschaftskrise nach der großen Depression und ein Kampf zwischen den beiden Staaten um die Vorherrschaft führte 1930 zu einem militärischen Aufstand und der Einrichtung der Diktatur von Getúlio Vargas. Vargas, bis 1945 an der Macht, vereinigte so viele Widersprüche in seiner Person, dass er, außer sich selber, niemanden zu umarmen brauchte. Er sympathisierte mit den Faschisten in Europa, trat aber an der Seite der Alliierten in den Krieg ein. Er verbot die Gewerkschaften, schuf aber fortschrittliche Arbeitsgesetze und modernisierte das Land. 1950 wurde er demokratisch zum Präsidenten gewählt, versäumte es jedoch, sich mit den Militärs zu arrangieren. Statt zurückzutreten, wie verlangt, brachte sich Vargas um. Er hinterließ das Rezept eines nationalistischen Populismus, das später einem schlauen Gewerkschafter eine ungeahnte Zustimmung der Wählerschaft sichern sollte. Auf Vargas folgte Juscelino Kubitschek, der, um den historischen Streit zwischen Rio de Janeiro und São Paulo um den Sitz der Hauptstadt friedlich zu lösen, kurzerhand eine neue Stadt bauen ließ: Brasília. Kubitschek baute eine nationale Autoindustrie auf, ein breiter kultureller Aufbruch befeuerte die Träume von Weltgeltung. Die sanften Klänge des Bossa Nova verzauberten die internationalen Musiksäle, Schriftsteller wie Jorge Amado, Gilberto Freyre, Darcy Ribeiro wurden in alle Sprachen übersetzt.

Aber es war ein Wirtschaftswunder auf Pump, bezahlt mit hohen Außenschulden, die alle nachfolgenden Regierungen stark belasteten; dreißig Jahre lang wuchsen die Inflation und der Groll gegenüber dem Internationalen Währungsfonds. Ebenso lange dauerte es, bis nach Kubitschek wieder ein ziviler Präsident gewählt wurde. In der Zwischenzeit ließ sich das Militär für die antikommunistische Doktrin des Pentagons einspannen; weniger gewalttätig als die Militärdiktaturen in Chile und Argentinien, wohl auch intelligenter. Der demokratische Schein wurde gewahrt. Die bestehenden Parteien wurde verboten, der Kongress aber nicht aufgelöst, und es gab eine neue Partei, in der sich eine Art Opposition ausdrücken konnte. Zur Modernisierung des Landes begannen die Generäle eine Reihe mehr oder weniger megalomaner Großprojekte wie den Bau des größten Elektrizitätswerkes der Welt in Itaipu, den Bau von Atomkraftwerken im Süden von Rio de Janeiro, die Erschließung Amazoniens. «Großes Brasilien», hieß ihr Wahlspruch, mit dem sie den Nationalstolz zu befördern trachteten. Eine hohle Phrase im Vergleich zum kulturellen und intellektuellen Selbstbewusstsein, das die Generäle erfolgreich zerstörten – nebst den vierhundert verschwundenen Dissidenten die schlimmste Folge ihrer Herrschaft. Zwei Generationen Brasilianer wuchsen auf ohne demokratische Übung, ohne intellektuelle Auseinandersetzung, ohne kulturelle Entwicklung, leicht verführbar durch alle Versprechungen des Konsums.

Luiz Inácio Lula da Silva war ein erfolgreicher Gewerkschaftsführer in São Paulo, der den Patrones der Autoindustrie große Zugeständnisse abtrotzte. Noch während der Militärdiktatur gründete er mit Intellektuellen, Grünen und Befreiuungstheologen zusammen *O Partido dos Trabalhadores*, die Partei der Arbeiter. Der Demokratisierungsprozess folgte dem Prinzip der erpresserischen Umarmung: 1985 stimmten die Militärs freien Wahlen zu, eine Aufarbeitung ihrer Verbrechen fand nicht statt. Nach einer Übergangszeit, während der zuerst ein Oligarch, dann ein korrupter Heilsverkünder aus dem Nordosten als Präsident regierten, prägten zwei Köpfe aus dem linken Parteienspektrum die brasilianische Politik: Fernando Henrique Cardoso (Staatspräsident von 1995 bis 2002) und Luiz Inácio Lula da Silva (von 2002 bis 2010). Cardoso strebte eine moderne Sozialdemokratie nach europäischem Vorbild an. Lula, gekränkt durch die Erfahrungen mit dem Internationalen Währungsfonds und kapitalistischen Managern, versprach, die Auslandschulden nicht zu bezahlen und dafür den Hunger im Land auszurotten.

Die beiden linken Führungsfiguren konnten sich nie zu einer strategischen Allianz überwinden. Beide verbündeten sich in einer Orgie an widernatürlichen Umarmungen lieber mit den traditionellen politischen Gegnern als mit der Konkurrenz aus dem gleichen Lager. Sie sicherten sich regierungsfähige Mehrheiten durch politische Zugeständnisse, vor allem aber durch die Vergabe von Ministerposten und einflussreichen Stellen im immer größer werdenden Staatsapparat.

Cardosos Verdienst liegt in der Sanierung der Staatsfinanzen und der erfolgreichen Bekämpfung der Inflation. Die Sistierung der Zahlungen an den Internationalen Währungsfonds war nur eines von vielen Versprechen, das Lula, 2002 im dritten Anlauf als Präsident gewählt, wieder vergaß. Aber die Koalition mit der Rechten erlaubte ihm, die historische Schuld abzutragen, die das Land sich gegenüber seiner armen Bevölkerung aufgeladen hatte. Sein Sozialhilfeprogramm machte ihn zum Vater der Armen, all seine vergessenen Drohungen zum Freund der Reichen.

Das Prinzip der erpresserischen Umarmung, das unter den linken Regierungen zur politischen Kunstform wurde, hat seine hässlichen und seine schönen Seiten.

Zur hässlichen Seite gehört, dass sich die Grenze zur Korruption rasch verwischt. Korruption ist in Brasilien endemisch und schwierig zu bekämpfen, wenn hinter dem Geben und Nehmen in der hohen Politik keine verbindlichen Ziele mehr zu erkennen sind, nur noch das Interesse des Machterhalts. Zur charmanten Seite des Prinzips gehört, dass eine Mehrheit der Brasilianer im Fremden grundsätzlich den möglichen Geschäftspartner sieht – und nicht den Feind. Das erklärt zum Teil auch die gewaltige Integrationskraft des Landes, das so viele Kulturen aufgenommen und verschmolzen hat. Brasilien ist kein guter Boden für religiösen und politischen Fanatismus – obwohl es auch das gibt. Dafür hat sich durch diese Angewohnheit, gegenseitige Abhängigkeiten zu schaffen, ein manchmal fast unheimliches Sensorium entwickelt für die Bedürfnisse des Mitmenschen und für seine Stimmungslage – eine emotionale Intelligenz, die für die Ärmsten unentbehrlich ist, wenn sie sich Gehör und vielleicht auch einen kleinen Vorteil verschaffen wollen.

Deshalb ist es vielleicht falsch zu sagen, dass Socorro und Trindade in Brasília lernten, wie Politik funktioniert. Sie lernten bloß, dass Politik in Brasília nicht anders funktioniert als auf dem Marktplatz in Macapá und dass Politiker nur Menschen sind wie andere auch. Und als sie das merkten, waren sie nicht mehr zu bremsen.

Viel Geschrei, eine kleine Erpressung, die erlösende Umarmung: Willkommen in Brasilien.

Fünf Jahre nach dem Aufstand von Socorro und Trindade und ihrer ersten Reise nach Brasília kamen, auf ihre Initiative hin und mit Hilfe des brasilianischen Staates, mehrere Ärzte der Gesellschaft der brasilianischen plastischen Chirurgen nach Macapá, um die skalpierten Frauen gratis zu behandeln. Davon hatten Socorro und Trindade seit ihrer Kindheit geträumt, von einem ärztlichen Wunder, das ihnen die

Haare wiedergibt. Der Arzt hieß sie die Perücke wegnehmen, dann schüttelte er den Kopf. Er könne die Augenbrauen wiederherstellen, es sei möglich, die Ohren wieder aufzubauen. Um die Haare wieder wachsen zu lassen, brauche er einen Teil der Kopfhaut, die unversehrt geblieben sei. Unter diese gesunde Stelle werde ein Kissen gepflanzt, das über ein Ventil langsam vergrößert werde, bis genügend neue Haut gewachsen sei, um damit den Schädel zu bedecken. Wo die Kopfhaut gänzlich weg sei, sei mit der ganzen Kunst der modernen Chirurgie nichts zu machen.

Das Viertel heißt Pedro Américo, und die Straße Ariosvaldo Coelho ist eine Lehmstraße mit niedrigen Holzhütten. Tief darüber hängen die Drähte, mit denen sich die Bewohner des Elendsviertels den Saft der städtischen Stromversorgung von Macapá klauen. In der Nummer 69, im Haus ihres Vaters Joaquim, verabschiede ich mich von Socorro. Eine Hängematte ist aufgespannt, an den Wänden hängen Pfannen und, mangels eines Schrankes, Plastiksäcke mit Kleidern. Auf dem Bretterboden spielen Kinder.

Sie habe sich, erzählt Socorro, von ihrem Traum, von ihrem schönen Traum, je wieder Haare zu tragen, verabschiedet wie von einer teuren Freundin, die für immer verreise. Sie habe geweint, aber dann habe sie sich immer mehr für die anderen Frauen gefreut, denen die Ärzte, letztlich dank ihrem Kampf, wieder zu einer neuen Haarpracht verhelfen würden. Und schließlich sei sie glücklich damit, dass ihre Kinder stolz sein könnten auf ihre Mutter, jetzt, wo sie ein Mensch geworden sei.

Was bedeutet das, Socorro?

Socorro lacht. «Du kannst dir ja gar nicht vorstellen, wie ich mich verändert habe. Vorher konnte ich nicht einmal mit Messer und Gabel essen. Ich konnte niemandem in die Augen schauen. Ich hatte Angst und schämte mich. Heute bin ich alles. Ich bin Anwältin, Psychologin, Sozialarbeiterin für die Frauen, denen das Gleiche passiert ist wie mir. Ich werde respektiert. Man kennt mich in der Stadt Macapá. Ich war im Büro des Präsidenten. Und einmal, Wahlen standen bevor, erhielt ich Besuch von einem Kandidaten, der zum Bürgermeister gewählt werden wollte. Er saß an meinem Tisch und wusste alles von mir, dass mein Kind krank war, dass ich mich danach sehnte, meine Narben zu operieren, meine Augenbrauen zu ersetzen und die weggerissenen Ohrmuscheln zu rekonstruieren. Er hatte ein Köfferchen dabei, darin 10 000 Reais, und damit sollte ich alle meine Wünsche erfüllen können. Wenn ich ihn bei den Wahlen unterstützte.

Ich stellte mir vor, was ich mit diesem Geld alles machen könnte, vielleicht doch eher ein Haus kaufen als wieder eine Operation, aber dann schloss ich die Augen, und nach einigen Sekunden schob ich das Köfferchen zurück. Jetzt habe ich zwar keine Haare, aber ein gutes Bewusstsein, und ich lache und weine wie jeder andere Mensch.»

Das schwankende Schiff der Gerechtigkeit

Das Schiff der Gerechtigkeit schwankt. Nicht so stark wie auf der dritten oder vierten Reise, als das Schiff nach einer hohen Welle Schlagseite bekam und beinahe kenterte. Danach wurde der Rumpf mit Zement beschwert. Jetzt, am fünften Tag der siebenundneunzigsten Reise des Gerichtsschiffes von Amapá, liegt der Kahn ruhig in den braunen Gewässern des Amazonas, fest verankert am hölzernen Pier von Itamatatuba. Es schwankt, wenn ein Boot seitlich anlegt und die Besucher über die Reling klettern. Das passiert fast ununterbrochen. Es sind einfache Boote, die andocken, Einbäume, Kanus mit und ohne Motor, schwimmende Hütten, Hausbarken, und ihre Benützer sind angereist, um Klagen vorzubringen oder sich gegen solche zu verteidigen. Sie alle haben ihre Flussreise auf die Gezeiten abgestimmt, die hier, im Delta des Amazonasflusses, den Wasserstand täglich um drei Meter ansteigen lassen. Zieht sich das Wasser zurück, ist es für die kleinen Boote schwierig, in die Kanäle und kleinen Flussmündungen zu gelangen, die zum Archipel von Bailique gehören, acht Inseln, zweiundfünfzig Gemeinden, 12 000 Einwohner, verstreut auf 1700 Quadratkilometer.

Das Gerichtsschiff selber ist eine Gaiola, ein Vogelkäfig, 22,5 Meter lang, 4,8 Meter breit. Es bietet Platz für zweiundfünfzig Personen, die in Hängematten übernachten. Daher der Name für das Schiff: In voller Fahrt bewegen sich die Hängematten hin und her wie die Schaukeln im Vogelkäfig. Jetzt aber sind sie aufgerollt und schweben, bunte Giebel des schwimmenden Justizpalasts, hinter Nivaldo, der an einem schweren hölzernen Tisch sitzt und, weit entfernt von jedem Komfort, den Durst nach Gerechtigkeit kanalisiert. Er selber übernimmt das Strafrechtliche; zivilrechtliche Angelegenheiten kommen aufs Oberdeck, wo Valdemir, für diese Reise vom Staat bestallt, um die Rechte von Menschen zu wahren, die sich keinen Anwalt leisten können, jetzt schon umringt ist von einer Schar von Müttern mit Kindern an der Brust. Valdemir da Silva Moraes, vierundvierzig, ist Strafverteidiger aus Berufung. Anderen Kollegen, so machte er nach dem Studium die Erfahrung, war es wichtig, rasch viel Geld zu verdienen. Sein Vater war Minenarbeiter, es war nicht selbstverständlich, dass Valdemir studieren konnte. Deshalb, so denkt er, soll sein Wissen Leuten zugutekommen, die dieses Glück nicht hatten. Und hier, zwölf Reisestunden von jeder größeren Siedlung entfernt, fehlt es den Menschen an allem: an Ärzten, an Schulen, an Gerechtigkeit. Geduldig nimmt Valdemir die Anliegen der Frauen auf, und manchmal muss er nachfragen, um dem Kern ihrer dürren Aussagen auf den Grund zu kommen: «Der Vater vergisst, dass das Kind essen muss.» Dann übersetzt der Anwalt das Anliegen in die Formeln des korrekten Umgangs mit der hohen Justiz: «Ich, Estefany Vitoria dos Santos Almeida, vierjährig, vertreten durch meine Mutter, Keli Dayane da Silva dos Santos, Brasilianerin, ledig, wende mich, unter der Schirmherrschaft der staatlichen Verteidigung, ehrerbietig an die Gegenwart Ihrer Exzellenz, um eine Eintreibung der Alimente vorzuschlagen …»

Ihre Exzellenz, der Richter, Doutor Almiro do Socorro Avelar, trägt ein blaues Hemd und Turnschuhe. Er sitzt, zusammen mit dem Gerichtsschreiber, im kleinen Audienzraum und wartet auf die Kunden, die der Verteidiger und der Friedensrichter zu ihm schicken, damit er Recht spreche.

Friedensrichter ist Nivaldo bloß im Nebenamt, nachdem er einen Mediationskurs des Gerichts besucht hatte. Hauptsächlich ist er der Administrator der Expedition in die abgeschiedensten Inselwelten des Amazonas, die der brasilianische Bundesstaat Amapá seit 1996 alle zwei Monate durchführt, um das Recht in die Pfahlhütten der Vergessenen zu bringen, wo nur gerade die Hälfte der über Zwanzigjährigen lesen und schreiben kann.

Nivaldo ist vierzig, er hat drei Kinder zu Hause und ist selber am und auf dem Fluss aufgewachsen; sein Vater führte ein Amazonasschiff. Deshalb kennt er das Leben der Ribeirinhos, der Uferbewohner, und ihre Kultur, und er respektiert sie. Und darauf hat er auch die Schiffsbesatzung eingeschworen, die Bediensteten des Gerichts, die Sekretärinnen und Computerspezialisten, die Sicherheitsbeamten, die Psychologen und Sozialarbeiter, welche die Dienstreise begleiten: Respekt! Respekt für diese Leute, die vom Fluss und den Früchten des Waldes leben! Respekt, auch wenn wir die Grenzen der Barbarei streifen sollten auf dieser Expedition, die uns in vergangene Zeiten zurückbringt. Respekt, damit wir selber respektiert werden. Denn wir repräsentieren das Gesetz, und das Gesetz bringt Zivilisation!

Sueli Pini wuchs in bescheidenen Verhältnissen im Süden Brasiliens auf, ihr Rechtsstudium finanzierte sie als Dienstmädchen. Als junge Richterin wurde sie nach Macapá berufen, und dort fand sie alles bestätigt, was der Justiz ihres Landes seit je angelastet wird: Sie sei extrem langsam, bürokratisch und unerreichbar für das einfache Volk. Wo in Deutschland auf dreitausend Menschen ein Richter kommt, sind es in Brasilien dreißigtausend Menschen, und den meisten von ihnen, stellte Sueli Pini fest, fehlt das Bewusstsein für ihre Rechte, die in der Verfassung festgeschrieben sind.

Die Richterin wollte eine andere Justiz, die zum Volk geht. Sie vernahm von Kollegen, die, von der nämlichen Unruhe getrieben, das Gesetz per Fahrrad in abgelegene Dörfer bringen. Aber in Amapá gibt es fast keine Straßen, und so gründete Richterin Pini im Jahr 1996 die «flussreisende Justiz».

Die Flüsse sind die Lebensadern Amazoniens, für den Transport von Waren und Personen gibt es 25 000 Kilometer Wasserstraßen und bloß 12 000 Kilometer Landwege. Im Februar 2012 verließ das Schiff der Gerechtigkeit Macapá zum siebenundneunzgisten Mal und fuhr mit der sinkenden Flut in Richtung des offenen Meeres, an heiklen Stellen von einem Lotsen geleitet, der es durch schmale Fahrrinnen führte. Zwölf Stunden später kam es in Vila Progresso an, Hauptort der Inselgruppe Bailique, viertausend Einwohner, drei Morde in den letzten fünfzehn Jahren. Am andern Tag nahm die Equipe ihre Arbeit auf, und seither gelang es Friedensrichter Nivaldo in neunzehn Fällen, die Streitenden von einer gerichtlichen Auseinandersetzung abzuhalten.

Das war so im Fall der Schuldirektorin, die sich gegen die beleidigenden Äußerungen zweier strenger katholischer Bürgerinnen wehrte. Die hatten sich erregt, weil die Direktorin einen protestantischen Prediger in die Schule eingeladen hatte. «Das Wort eines Predigers», sprach Nivaldo, «ist immer noch besser, als wenn sich die Kinder auf der Straße herumtreiben und Drogen nehmen – egal, welcher Religion er angehört.»

Das war so im Fall des Arlo Miranda, der den Nachbarn Frederico beschuldigte, im Dorf herumzuerzählen, er sei schwul und halte den Arsch hin für einen Jungen mit Namen Edson. «Wir Menschen», hielt Nivaldo den Streitenden vor, «haben die Angewohnheit, alles Gute, das uns widerfährt, zu vergessen. Dabei sollte es genau umgekehrt sein, wir sollten das Schlechte vergessen, den Streit begraben und nur das Gute erinnern.»

Das war so im Fall des Fischers Ezequiel, der sein Haus verkauft hatte und dann, als der Baum voller Früchte hing, mit einem großen Korb zurückkam, um die Zitronen zu pflücken. Schließlich, führte er an, habe er sein Haus verkauft und nicht seine Früchte.

Nivaldo bat den Mann, eine Skizze des Grundstücks zu zeichnen. Dann klopfte er dem Fischer Ezequiel auf die Schulter. «Mein Lieber», beschied er ihm, «der gesunde Menschenverstand reicht aus, um festzustellen, dass alles, was innerhalb des Zaunes liegt, den neuen Besitzern gehört.»

Käufer und Verkäufer unterschrieben danach den *Termo de Bomviver*, die Übereinkunft, fürderhin friedlich zusammenzuleben. Das taten auch die beiden Schwestern Daiane, zwanzig Jahre, und Maria, achtzehn. Maria hatte die Schwester angezeigt, die mit Fäusten und Fingernägeln auf sie losgegangen sei. Weil sie meinen Mann küsste, verteidigte sich die Beschuldigte, aber Nivaldo hatte seine eigene Ansicht der Dinge, und damit versöhnte er die Schwestern. «Es macht mich traurig, zwei Blutsverwandte streiten zu sehen. Es gibt nichts Wichtigeres als die eigene Familie, und die muss zusammenhalten. Wohin wenden wir uns sonst, wenn es uns schlecht geht?», fragte er streng. «Wenn es aber wahr ist, was du beobachtet haben willst», so wandte er sich an die Beschuldigte, «weshalb gehst du auf die Schwester los? Wieso schickst du nicht den Mann zum Teufel? Der ist ja wohl ein Lump, wer mit der Schwester der eigenen Frau anbändelt, und ich möchte wissen, was der erst treibt, wenn er außer Haus ist?»

Aber nicht immer gewann Nivaldos Überzeugungskraft die Oberhand, und manchmal musste der Friedensrichter auf die Polizisten zurückgreifen, die beide grimmiger aussehen, als ihre Namen es vermuten lassen: Rosenildo und Iolanio. Er schickte sie los, um den Ehemann von Graciane, fünfundzwanzig, zwei Kinder, zu holen. Sie war aufs Gerichtsschiff gekommen, weil er sie geschlagen hatte.

Die Polizisten holten den Mann mit dem Schnellboot.

«Das ist nicht wahr» sagte Josemir, fünfunddreißig, ohne feste Arbeit.

«Doch», insistierte seine Frau.

«Ich wollte nur, dass sie die Wahrheit sagt.»

«Hör zu!», sagte Nivaldo, doch der Mann ließ sich nicht bremsen.

«Sie hat mich gezwungen, etwas zu tun, was ich gar nicht tun wollte. Und wenn ich sie geschlagen habe, dann nur, weil ich betrunken war!»

«Ich kenne nichts Schändlicheres», schnitt ihm Nivaldo das Wort ab, «als einen Mann, der seine Frau schlägt.»

«Ich verteidigte meine Würde.»

«Schweig, sonst werfe ich dich ins Gefängis.»

Polizist Rosenildo rasselte mit seinen Handschellen.

«Deine Kinder werden größer, und sie werden sich daran erinnern, dass du ihre Mutter geschlagen hast. Glaubst du, sie werden dich noch lieben? Ist es das, was du für dein Leben willst? Hast du dir je einmal überlegt, was du deinen Kindern aufbürdest? Und was passiert, wenn du ins Gefängnis kommst? Da sitzen schon Leute, die warten nur darauf, dass einer kommt wie du, der seine Frau geschlagen hat. So, sagen die, jetzt wirst du mal unsere Frau sein! Josemir, ich gebe dir einen Ratschlag, der ist gratis, und du musst nicht bezahlen. Gib das Geld, das du für den Schnaps ausgibst, für deine Familie aus. Respekt kann man nicht erprügeln. Respekt verdient man sich.»

Und dann überstellte er Seu Josemir dem Richter. Der verurteilte den Mann zu drei Monaten gemeinnütziger Arbeit.

Und heute, am fünften Tag der Reise, am Pier von Itamatatuba, wartet wieder eine schwierige Aufgaben für den Friedensrichter. Vor ihm liegt das Papier mit der handschriftlichen Anklage: «Dona Alda Maria beklagt sich, dass sie von Dona Lea auf niedrigste Weise als Hure und Vagabundin beschimpft wurde.»

Auf dem Oberdeck des Schiffs gibt es zwei Tröge mit fließendem Wasser, das aus dem Amazonas gepumpt wird. Täglich nimmt Nivaldo den einen Trog für eine knappe Stunde in Anspruch, um den Kampf zwischen Haarschnitt und unbändigem Haarwuchs mit größter Exaktheit zu klären. Der Vertreter der Zivilisation sitzt mit glänzendem Nacken und glatten Backen am Verhandlungstisch. Die Damen ihm gegenüber sind beide in Schwarz gekleidet, beide um die vierzig. Die eine blickt flussabwärts, die andere flussaufwärts.

«Gut», sagt Dona Lea, ohne den Blick von ihrem fernen Ziel irgendwo im Atlantik zu lassen, «ich habe sie Hure genannt. Aber nur, weil es wahr ist.»

«Gemach», sagt Nivaldo. «Was ist das für eine Geschichte?»

Es habe damit begonnen, holt Dona Lea aus, dass ihr Mann zusammen mit der – sie vermied das Wort – gesehen worden sei.

«Lüge», zischt Dona Alda Maria in die andere Richtung.

«Kommen wir zum Punkt», sagt Nivaldo.

Itamatatuba ist ein Dorf mit vierhundertsiebzig Einwohnern. Alle Häuser und alle Wege stehen auf Stelzen. Zwischen März und Juni, wenn das Regenwasser der Anden die Mündung des Amazonas erreicht, überschwemmt es die Felder der Ribeirinhos, der Uferbewohner, und lagert fruchtbaren Schlamm ab. Die Dörfler leben vom Anbau der Açaí-Palme, deren Früchte wegen ihres Vitaminreichtums hoch gehandelt werden, vom Fischfang und vom Holzgewinn. Es gibt zwei Läden im Dorf, in denen sich die Bewohner mit allem eindecken können, was sie für das tägliche Leben brauchen, Seife, Pfannen, Kleider, Elektroapparate, auch wenn ab Mitternacht im Dorf der Strom abgestellt wird. Dona Lea führt mit ihrem Mann zusammen den Gemischtwarenhandel Avistão, Dona Alda Maria jenen, der groß mit «Líder» angeschrieben ist.

Als Beweis für ihre Vorwürfe präsentiert Dona Lea einen Zettel, aus einem billigen Notizblock herausgerissen, den sie auf der Veranda ihres Hauses gefunden hatte: «Amor, ich vermisse dich», steht da mit rotem Filzstift geschrieben. Das Wort «Amor» kommt auf wenigen Zeilen insgesamt sieben Mal vor, aber eine Unterschrift fehlt.

«Das ist nicht meine Schrift», behauptet Alda Maria. «Aber weil sie dies gegenüber meinem Mann behauptete, hat der mich verprügelt. Und der ist sonst ein friedlicher!»

Nivaldo versucht, die Sachlage zu klären. «Wer könnte den Brief denn sonst geschrieben haben?»

«Ihre Angestellte!», entfährt es Lea.

Nivaldo ruft Iolanio, den Polizisten, und der holt Alda Marias Angestellte. Das ist, so stellt sich heraus, ein dreizehnjähriges Mädchen, das angibt, die Botschaft weder gesehen noch selber geschrieben zu haben.

«Dann holt mir den Ehemann», donnert Nivaldo.

Leas Ehemann erscheint mit gesenktem Kopf, betrachtet das Briefchen von allen Seiten und verneint stur. Nein, er wisse nicht, wer der Absender sei. Da holt seine Frau zum überraschenden Gegenangriff aus, klaubt ein zerknülltes Papier aus ihrer Tasche und knallt es auf den Tisch.

«Das war seine Antwort», sagt sie schneidend, «von ihm geschrieben, auf der Veranda deponiert.»

Nivaldo entfaltet das Papier, auch darauf, in blauer Tinte, mehrmals das Wort «Amor».

Der Ehemann beäugt das Blatt, dreht und wendet es, und dann gesteht er, die Liebesbotschaft geschrieben zu haben, ohne jedoch zu wissen, an wen – er habe nur die anonyme Absenderin jenes ersten, in rot verfassten Briefchens erfreuen wollen.

Nivaldo kratzt sich am Kopf. «Ich mag ja aussehen wie ein Idiot», schimpft er, «bin aber keiner.»

Er schickt den Ehemann nach Hause, und dann rechnet er den Frauen die Kosten vor, die eine gerichtliche Auseinandersetzung verursachen würde. Schließlich unterschreiben beide, mit dem Vorbehalt, dass sich bis auf weiteres keine dem Laden der andern nähere, eine Übereinkunft des guten Zusammenlebens.

Das Schiff der Gerechtigkeit schwankt beträchtlich; ein Boot der Umweltpolizei legt an und bringt vier Sünder an Bord, die mit zwei Revolvern, drei Schrotflinten, zehn erlegten Wasserschweinen und einem Kaiman erwischt wurden. Ihr Boot war in einer Sandbank steckengeblieben, anders hätte das Gesetz die Wilderer kaum gefasst.

Auf dem Oberdeck ist Verteidiger Valdemir noch immer von Hilfesuchenden umringt, und nicht immer geht es um Alimentenzahlungen. Ein Mann will, dass seine von ihm geschiedene Frau den Computer herausrückt, den einzigen gemeinsamen Besitz. Eine Frau möchte ihren richtigen Namen zurück; das Ehepaar, vom dem sie aufgezogen wurde, hatte sie als ihr eigenes Kind ausgegeben. Auf den ersten Fahrten des Justizschiffs, so weiß Valdemir, besaß fast die Hälfte der Bevölkerung keinen Geburtsschein und war in keinem amtlichen Register erfasst. Das hat sich, dank der reisenden Justiz, geändert. Jetzt klauben die Klienten ihre Dokumente aus dicken Schichten von Umschlägen und Plastiktüten hervor, in denen sie wasserdicht aufgehoben sind. Rosiel Ferreira hat ihr Kind noch nicht ins Geburtsregister eintragen lassen, sie hat nur den Fußabdruck bei sich, den ihr die Hebamme nach der Geburt gegeben hat. Rosiel ist dreizehn, ihr Kind ist einen Monat alt.

«Wie lange warst du mit dem Mann zusammen?», fragt Valdemir.

Rosiel senkt den Kopf und schweigt.

«Wie lange?», fragt er den Burschen, der, wie das Mädchen, mit den Eltern gekommen ist.

«Zwei Tage», antwortet er.

«Oh, du großer Mann», sagt der Verteidiger.

«Schau dir das Kind an», fährt Valdemir fort, «gleicht es dir nicht? Kommt es dir nicht bekannt vor?»

Der Junge schüttelt den Kopf.

«Die Erzeugerin des investigierten Kindes und der zu Investigierende hatten ein Liebesverhältnis für die Dauer von zwei Tagen», schreibt der Verteidiger in seinen Computer, und dann, in großen Buchstaben: «Vaterschaftsuntersuchung und Alimente».

Dann schickt er ihn zum Richter.

«Wann genau», fragt Richter Almiro Socorro, Turnschuhe, blaues Hemd, den Jungen, neunzehn, der auf den Namen Jefferson hört, «fand diese Beziehung statt?»

«März 2011», antwortet der Junge.

«Damals», stellt der Richter fest, «warst du selber noch minderjährig. Deshalb wirst du nicht angeklagt.» Er blättert in den Notizen. «Ende Dezember kam das Kind zur Welt. Du zweifelst, dass du der Vater bist?»

Jefferson bestätigt.

«Die Zweifel werden dich teuer zu stehen kommen», sagt er. «Ich verpflichte dich, die Kosten der genetischen Untersuchung zu übernehmen. Die können nur in der Hauptstadt Macapá durchgeführt werden. Deshalb musst du auch die Reisekosten für Mutter und Kind übernehmen, und du wirst jetzt schon Alimente bezahlen, auch wenn die Vaterschaft noch nicht endgültig geklärt ist.»

Im kleinen Audienzraum auf dem Oberdeck druckt der Schreiber das Urteil aus.

«Arbeitest du?», will der Richter wissen.

Jefferson schüttelt den Kopf.

«Und wie willst du das alles bezahlen?»

Der Vater, ein Flusshändler, werde ihn unterstützen.

Es ist die zweite Reise, die Richter Almiro Socorro auf dem Justizschiff mitmacht, und manchmal hat er das Gefühl, sie führe ihn zurück in die eigene Kindheit, in der man sich ebenfalls keine großen Träume leisten konnte. Aber Almiro war ein fleißiger Schüler, und so machte er die Erfahrung, dass nichts unmöglich ist, wenn man sich anstrengt. Er wurde Polizist, studierte abends, wurde Richter. «Aber hier», sagt er, «ist es anders, Recht zu sprechen. Hier ist man nicht geschützt von dicken Wänden und vielen Vorzimmern. Hier sitzt man direkt der Realität gegenüber, und man muss zum Psychologen und zum Soziologen werden, um sie zu verstehen.»

Streiten Arme anders als Reiche?

«Grundsätzlich sind die Ursachen für Zwist und Streit überall gleich, es menschelt bei Armen und bei Reichen, Klatsch und Eifersucht gibt es überall. In der Abgeschiedenheit und Armut dieser Gegend hat sich etwas entwickelt, was uns immer wieder schockiert. Wir sind mit sehr vielen Fällen von sexuellem Missbrauch an Kindern und Minderjährigen konfrontiert, meistens in der eigenen Familie, häufig von Vätern an ihren Töchtern. Wir versuchen diese Barbarei mit harten Strafen zu bekämpfen, wir betreiben Aufklärung in den Schulen, ermutigen die Kinder, die Täter anzuzeigen.»

Die zum Gerichtsaal umgewandelte Kabine ist der einzige gekühlte Raum auf dem Schiff. Die Klimaanlage surrt, und ich frage Almiro Socorro, wieso Sueli Pini die Reise nicht mehr mitmache, die Richterin, welche die flussreisende Justiz ins Leben gerufen hat, und nach der die Flussbewohner, überall wo das Schiff anlegt, verlangen. Wo ist die Richterin? Wieso kommt die Richterin nicht mehr?

«Oh», antwortet der Richter und schaut zur Decke. «Die Wege der Bürokratie sind unergründlich und manchmal auch unverständlich.»

Dann klopft es an die Tür, Josianne und Marcela kommen herein, vierzehn und siebzehn Jahre alt, begleitet von ihrer Mutter. Die Mutter hat Schlappen an den Füßen und trägt einen zerschlissenen Rock, die Mädchen sind sauber gekleidet.

«Ich wusste von nichts», weint sie. «Die Töchter haben im Stillen gelitten.»

Auf der letzten Fahrt des Justizschiffes, als eine Psychologin die Schule besuchte, offenbarten ihr die Mädchen, dass sie seit frühesten Jahren von ihrem Vater missbraucht wurden. Der Mann befindet sich in Untersuchungshaft, heute sollten sie ihre Aussagen machen.

«Aber», bedauert der Untersuchungsrichter, «leider hat der Staatsanwalt die Reise nicht mitgemacht. Ohne Vertreter der Anklage kann ich die Aussagen nicht aufnehmen. Sonst kommt der Täter wegen eines Verfahrensfehlers frei.»

Der Schreiber gibt ihnen einen neuen Termin in zwei Monaten.

Rosenildo und Iolanio, die Polizisten, bringen die vier Männer herein, die mit zehn erlegten Wasserschweinen und einem Kaiman erwischt wurden.

«Wir jagten zum Eigenverzehr», verteidigen sie sich, «das ist erlaubt.»

«Aber», sagt der Richter, «die Waffen sind nicht registriert.»

Im Jahr 2003 trat in Brasilien ein neues Waffengesetz in Kraft. Es gab den Besitzern fünf Jahre Zeit, ihre Waffen registrieren zu lassen.

«Wusstet ihr das?»

Die Sünder schütteln den Kopf.

«Die Waffen werden konfisziert bleiben, und es wird eine Anzeige erstattet.»

Die Männer gehen weg, der Richter seufzt. «Viele hier leben von der Jagd und vom Fischfang. Leider sind die Gesetze nicht immer den lokalen Gegebenheiten angepasst. Aber als Richter hat man die Möglichkeit, sich auf höheres Recht zu beziehen, auf die Verfassung, und so ist es meistens trotzdem möglich, ein angemessenes Urteil zu fällen.»

Auch Verteidiger Valdemir hat jetzt sein letztes Protokoll unterschrieben. Drei Sekretärinnen stempeln noch, die anderen schminken sich schon. Es ist der letzte Abend vor der Rückreise, und Nivaldo hat für alle, die Lust darauf haben, im Dorf ein besonderes Abendessen organisiert.

Das Menü ist nicht ganz gesetzeskonform, aber durchaus im Sinne von Nivaldo, dem König Salomon vom Amazonas.

«Nach der Arbeit kommt das Vergnügen.»

Es gibt Wasserschwein gekocht und Kaiman gebraten.

Morgens um fünf Uhr, mit der ansteigenden Flut, nimmt das Schiff der Gerechtigkeit wieder Fahrt auf, die Hängematten bewegen sich wie die Schaukeln in einem Vogelkäfig, und zwölf Stunden später landet das Schiff in der Nähe der Hauptstadt Macapá.

Sueli Pini ist dreiundfünfzig, sie trägt ein einfaches Kleid, eine grüne Bluse, und nur das dichte, ungebärdige Haar lässt etwas von der rebellischen Natur dieser Frau erahnen, die Zeit gefunden hat, rasch an der Rezeption meines Hotels vorbeizukommen. Mit sanfter Stimme erzählt sie, wie es dazu kam, dass sie ihre Erfindung, das Schiff der Gerechtigkeit, nicht mehr betreut. Weder Groll noch Empörung ist daraus zu hören, vielmehr wirkt sie fast belustigt, als wäre die Geschichte nichts als eine Anekdote aus einem fernen Land.

Ein Richter, sagt sie, könne nur aktiv werden, wenn er aufgesucht werde. Aber die Mehrheit der Menschen in Brasilien seien Halbalphabeten, die weder ihre Rechte noch ihre Pflichten kennten. Wer zum Richter gehe, müsse lange Hosen tragen. Aber viele Männer, die am Fluss wohnten, hätten keine lange Hose. Sie würden nicht einmal zum Richter vorgelassen. Das sei die brasilianische Justiz: elitär und mit einer Schuld gegenüber dem Volk, die so schwer wiege wie der ganze Kontinent.

«Also sagte ich: Gehen wir in die Dörfer. Bringen wir die Gerechtigkeit zu den Leuten. Wecken wir die Menschen auf, zeigen wir ihnen, dass sie ihre Konflikte nicht selber lösen müssen. Und dann erlebte ich, wie viel Sehnsucht vorhanden ist nach Licht, wie viel Durst nach Zivilisation. Die Leute stürmten das Schiff, und ich wurde bekannt. Journalisten kamen» – sie macht eine Pause –, «und das gefiel nicht allen meinen Kollegen.»

2005 schlug die Schweizer Ethnologin Ruth-Gaby Vermot tausend Frauen aus aller Welt für den Friedensnobelpreis vor. Auf der Liste befand sich auch die Richterin Sueli Pini. Danach drängten ihre Richterkollegen sie aus dem Amt.

Mit welcher Begründung?, will ich wissen.

«Ein bisschen Eifersucht», lächelt sie, «ein bisschen Politik.»

War das die Begründung?

«Keine. Aber ich kenne meine Kollegen. Alles Männer.» Lange genug, sagt sie dann, habe sie in der Küche der Justiz gesessen, und es sei Zeit, dass die Frauen auch im Amazonasstaat Amapá den Salon betreten, dort, wo die wichtigen Entscheidungen getroffen würden. Deshalb habe sie sich für einen frei werdenden Sitz beim Berufungsgericht beworben.

Und?

«Das Berufungsgericht besteht aus neun Männern, und sie mussten die Kandidaten qualifizieren. Ich bekam die schlechtesten Noten. Der nationale Justizrat hat daraufhin meine Einsprache gutgeheißen und mich ins Gericht berufen. Darauf sind die Richter in Amapá nicht eingetreten, haben stattdessen erneut einen Mann gewählt. Jetzt warte ich darauf, dass Brasília meinen nochmaligen Einspruch behandelt.»

Dann schaut Sueli Pini auf die Uhr.

Ich wünsche viel Erfolg, sage ich, und habe bloß noch eine Frage: Wie schaffen Sie es, gelassen zu bleiben und den Mut nicht zu verlieren?

Die Stimme der Richterin ist sanft, und wieder tönt sie fast etwas belustigt: «Vielleicht weil ich keine Zeit habe, darüber nachzudenken. Ich habe zwei Kinder, sieben weitere habe ich adoptiert, das Jüngste ist krank, das Kindermädchen ist weg, und deshalb muss ich jetzt nach Hause.»

Wenige Tage später lese in der Zeitung, dass der nationale Justizrat Sueli Pini als neue Berufungsrichterin in Amapá bestimmt und eine Untersuchung über das zweifelhafte Wahlverfahren und die Begünstigung durch das örtliche Gericht in Macapá angeordnet habe.

Der Trick der Hexer

Vierundzwanzig Stunden hat das Passagierschiff, um von Macapá nach Belém zu gelangen. Aber nach einer Woche auf dem Justizschiff habe ich genug von den Nächten in der Hängematte auf einem engen Deck. Auf meiner Reise vom Norden in den Süden Brasiliens führt mich ein Flug in einer halben Stunde über Marajó, die größte Flussinsel der Welt, so groß wie die Schweiz. Belém ist nach Manaus die größte Stadt am Ufer des verzweigten Flusssystems, 1,4 Millionen Einwohner, und in ihren alten Plätzen, ihren verstopften Straßen, ihren elenden Hütten sind die Spuren aller Träume eingeschrieben, die in diesem so riesigen wie fragilen Gebiet schon zerbrochen sind. Belém war das Handelszentrum während des großen Kautschukbooms zwischen 1870 und 1918, jetzt ist die Altstadt verslumt, viele der alten Paläste sind am Zerfallen.

Im Jahr 1875 schmuggelte der englische Biopirat Henry Wickham 70 000 Samen der Hevea brasiliensis, des Kautschukbaumes, aus dem Amazonas nach England. Ein Jahr später wurden aus diesem Vorrat 1919 Setzlinge nach Ceylon gebracht, Grundstock für eine Plantagenwirtschaft, mit der die englische Krone in Asien den natürlichen Gummi, der für die Autoindustrie immer wichtiger wurde, viel billiger produzierte und damit den wirtschaftlichen Niedergang Beléms und ganz Amazoniens herbeiführte.

Vielleicht ist die Erinnerung daran ein Grund dafür, dass sich Brasilien heute so eifersüchtig dagegen wehrt, ein globales Interesse am Schutz des größten Wasserbeckens der Welt anzuerkennen. «Der Amazonas gehört uns», heißt die

Losung der Politiker, und obwohl es nicht an Absichtserklärungen der Regierung fehlt, das Gebiet zu schützen, geht die Abholzung des Regenwaldes weiter.

Die folgt keinem diabolischen Plan, vielmehr dem absehbaren Drehbuch einer Wirtschaft, die ihre kolonialen Muster bis heute nicht abgelegt hat. Keine Regierung hat je gewagt, eine Landreform durchzuführen, und so dient Amazonien, der letzte noch nicht eroberte Kontinent, auch als Ventil für die sozialen Probleme in anderen Landesteilen.

Zuerst sind es Holzfäller, Minenbesitzer oder staatliche Straßenbauer, die eine Schneise in den Dschungel schlagen. Ihnen folgen die Siedler, die sich ein Stück Wald roden, um Reis und Bohnen zu pflanzen, die Pioniere der Zivilisation im Kampf gegen die Natur. Der Boden im Amazonasgebiet aber ist arm an Nährstoffen; die Urwaldriesen suchen und lagern ihre Nährstoffe über ein komplexes System von Blättern und Wurzeln. Werden sie gefällt, bleibt der Boden ungeschützt der Hitze und dem Regen preisgegeben – drei bis acht Meter Niederschlag jährlich mit Gewittern, die vierzig Mal so heftig sind wie in gemäßigten Zonen. Ist der Humus weggeschwemmt, verkauft der Siedler sein Land an einen Viehzüchter und rodet das nächste Stück. Auf diese Weise ging in den letzten dreißig Jahren ein Fünftel des ursprünglichen Waldes verloren, ein Gebiet so groß wie Frankreich und Italien zusammen. Das geschah nicht ohne politische Absicht und wirtschaftliches Kalkül.

Es war die Militärregierung (1964 bis 1985), die Amazonien mit Straßen erschloss und die Besiedlung forcierte. Auf der ganzen Welt wurde nach Öl und anderen Bodenschätzen geforscht, und die Militärs fürchteten, sie könnten seine Grenzen nicht schützen und würden ihre Herrschaft verlieren, wenn das größte Wasserbecken der Welt «Niemandsland» bliebe. Die Besiedlung des Pionierlandes erfolgte ungeordnet und oft gewaltsam: Wer es zuerst besetzte und es zu verteidigen verstand, dem gehörte es. Bis heute verfügen nur wenige Landbesitzer über rechtmäßige Titel, was die Kontrolle über die Abholzung nicht einfacher macht. Und bis heute herrscht bis weit auch in linke Regierungskreise hinein die Befürchtung, andere Staaten wollten sich, heute unter dem Vorwand von globalem Klimaschutz und Ökologie, den Zugriff auf verborgene Ressourcen sichern. Schwierig also, «globale» Lösungen gegen die Abholzung zu entwickeln.

Wissenschaftler schätzen, dass im natürlichen Prozess der Evolution in jedem Jahrtausend eine Pflanze und jedes Jahrhundert eine Vogelart ausstirbt. Mit der Zerstörung des Lebensraums, dem erhöhten Druck durch Jagd und kommerziellen Fischfang gehe, so befürchten Umweltaktivisten, am Amazonas bereits täglich ein höher entwickeltes Lebewesen verloren. Mit jedem Stück Regenwald verschwindet eine Welt, die noch weitgehend unbekannt ist. Allein im Verlauf der vergangenen zehn Jahre haben brasilianische Forscher hundertdreißig neue Spezies von Pflanzen und Tieren entdeckt, darunter zwei neue Primaten, Affen, die nie zuvor beschrieben wurden. Sie kennen fünfhundert Spinnenarten im Amazonas, gehen aber davon aus, dass es mindestens zweitausendfünfhundert gibt. In den Flüssen schwimmen sechzehn Arten von Piranhas, und einige von ihnen ernähren sich vegetarisch. Auf einer Liste der nationalen Umweltbehörde stehen über vierhundert Namen von Pflanzen, Fischen, Reptilien und Säugetieren, die vom Aussterben bedroht sind, darunter der Jaguar, der rosa Flussdelphin, das Amazonas-Manati.

Im riesigen Markt von Belém ist die ganze märchenhafte

Wunderwelt Amazoniens zu Hause. Hier findet man Früchte in Formen und Farben, wie man sie noch nie gesehen hat, unzählige Pülverchen, um Speisen schmackhaft zu machen, von denen Westler noch nie gehört haben, Fische von nicht minder urweltlichem Aussehen als ihre Verkäufer. Und vielfältigste Zaubermittel für alle Lebenslagen. Das Elexier *Amansa Corno,* das den Gehörnten besänftigen soll, ein Extrakt Mach-mich-beliebt-bei-dem-der-mich-nicht-liebt sowie das bei Frauen und Männern gleichermaßen beliebte Weine-zu-meinen-Füßen.

Ver-o-Peso heißt der Markt, und er ist der größte Lateinamerikas unter freiem Himmel. Der Name stammt aus dem 17. Jahrhundert, als die Portugiesen hier das Gewicht der Waren überprüften, die in die Heimat verschifft wurden, und die Steuern festlegten.

An den Kräuterständen, wo die geheimnisvollen Zaubermittelchen verkauft werden, finden die Interessierten auch ein (verbotenes) Potenzmittel, das aus dem Penis des Flussdelphins hergestellt wird – einer der Gründe dafür, weshalb das Säugetier vom Aussterben bedroht ist. Eine Biologin hat Proben des Mittels untersucht und festgestellt, dass das meiste Rohmaterial nicht von Flussdelphinen stammt, sondern von ihren Verwandten aus dem Meer. Nicht unbedingt ein Trost, aber der wissenschaftliche Beweis dafür, dass auch die Wunder der Hexer nicht ohne Jeitinho auskommen.

Die Studie wurde von einer Wissenschaftlerin des Museum Goeldi durchgeführt. Das Museum Goeldi ist eine kleine Oase mitten im Asphaltdschungel von Belém, von weitem sieht man die hohen Urwaldbäume, zwanzig Stockwerke hoch, vor einem Jahrhundert von Schweizer Forschern gepflanzt. Das Gelände ist fünf Hektar groß, die Schildkröten leben in einem Teich, der dem Lago Maggiore nachgebildet ist. Zoo und botanischer Garten locken alljährlich viele Besucher an, aber sie bilden nur einen kleinen Teil der Aktivitäten des Museums Goeldi. Die botanischen und archäologischen Sammlungen, die der Schweizer Forscher Emílio Goeldi begonnen hat, umfassen über viereinhalb Millionen Exemplare. Siebenhundert Forscher führen sein Werk weiter – eine weltweite Referenz für die Erforschung der Biodiversität des Amazonas und der Geschichte seines menschlichen Lebens.

Emil Goeldis Vater war Gymnasiallehrer in Heiden, Kanton Appenzell. Emil machte die Matur in Schaffhausen, lernte Französisch in Neuenburg, Italienisch in Neapel, bestand sein Doktorat als Zoologe an den Universitäten von Jena und Leipzig mit einer vergleichenden und entwicklungsgeschichtlichen Studie dreier europäischer Panzerfische. Damit bekannte er sich als Anhänger von Darwins Evolutionslehre, die damals die Biologie revolutionierte. 1884 erhielt Goeldi, auf Empfehlung seiner deutschen Professoren, eine Einladung ans Naturhistorische Museum von Rio de Janeiro. Seinen wertvollsten Beitrag leistete er mit der Erforschung einer Plage in den Kaffeeplantagen; er entdeckte und beschrieb den Fadenwurm, der die Pflanzen schwächte, wofür ihm die Pflanzer bis hinauf nach Mexiko dankbar waren. Im Mai 1889 heiratete Goeldi die Tochter eines reichen Schweizer Auswanderers, Adeline Meyer, vier Jahre später erhielt er die Einladung, in Belém, Hauptstadt des Teilstaates Pará am Amazonas, ein naturhistorisches Museum aufzubauen.

Nelson Sanjad ist Historiker, seit über fünfzehn Jahren arbeitet er im Goeldi-Museum, und er hat ein Buch geschrieben über den Schweizer Pionier. Wir treffen uns an seinem Arbeitsplatz, einem Gebäude, das der Gründer nach dem Vorbild eines Chalets gebaut hat.

«Emílio Goeldi», sagt Nelson Sanjad, «hat die Amazonasforschung systematisiert. Er hat nicht nur unvorstellbar viele Forschungsarbeiten hinterlassen, er hat am Amazonas wahrscheinlich auch seine Gesundheit verloren.»

Kurz zuvor, am 15. November 1898, war Brasilien eine Republik geworden, in Belém herrschte der Kautschukboom, und die Politiker, welche die Monarchie bekämpft hatten, waren optimistisch, mit Hilfe von Bildung, Kultur und Wissenschaft die alten kolonialen Strukturen zu überwinden. Goeldi bekam die Mittel und alle Freiheiten, ein professionelles Museum nach europäischem Vorbild aufzubauen. Als Direktor holte er weitere Wissenschaftler an den Amazonas, wie den Basler Botaniker Jacques Huber und die deutsche Ornithologin Emilie Snethlage, die den ersten Katalog aller Amazonasvögel veröffentlichte. Auf einer Expedition biss ihr ein Piranha in den Finger der Hand, welche die Wissenschaftlerin, im Boot sitzend, ins Wasser tauchte. Als sich die Wunde entzündete, schnitt sie kurzerhand den Finger ab. Mehrere Forscher, darunter der Luzerner Geologe Max Käch, starben an Gelbfieber, Goeldi selber wurde mehrere Male Opfer der Malaria.

«Ich bewundere den Idealismus, die Intelligenz und die visionäre Produktion dieser Generation», sagt Biograph Sanjad in seinem kleinen Büro. «Goeldi und seine Leute begannen das neue Wissen zu organisieren, und zwar auf allen Ebenen, die uns bis heute interessieren: die Zoologie, die Botanik, die Umweltwissenschaften und die Geschichte und Lebensumstände der Ureinwohner.»

Nelson Sanjad ist zweiundvierzig, seine Vorfahren kamen aus dem Libanon nach Brasilien, etwa zur selben Zeit wie Emílio Goeldi. Sie befuhren die Flüsse als Stoffhändler. Der Schweizer richtete in Belém eine «wissenschaftliche Kolonie» ein, Forscher und Angestellte lebten auf dem Gelände des Museums, Goeldi selber arbeitete, wie er in einem Brief schrieb, von fünf Uhr morgens bis Mitternacht, «mit einer halben Stunde Pause für jede Mahlzeit», und «drei Typographen reichten nicht», um seine schriftliche Produktion ins Reine zu bringen. Aber auch den Rest der Zeit verbrachte der Forscher nicht ungenutzt, seine Frau brachte sieben Kinder zur Welt.

Goeldi unternahm anstrengende Reisen in die Regenwälder, er interessierte sich für das Leben der indianischen Völker, er veröffentliche zahlreiche Arbeiten über die Mücken, die Malaria verbreiten. Unter seiner Leitung beschrieb das Museum zweihundertdreiunddreißig der Wissenschaft unbekannte Tier- und Pflanzenarten, darunter ein echtes Wiesel aus Brasilien, Putoris paraensis Goeldi. Nach dreizehn Jahren und unzähligen Publikationen war er müde und ausgelaugt. Eins seiner Kinder war krank, und das war vielleicht, so denkt sein Biograph, ein weiterer Grund dafür, dass Emílio Goeldi mit seiner Familie in die Schweiz zurückkehrte.

Er bekam eine Professur in Bern, wurde Mitgründer der Schweizerischen Gesellschaft für Vogelkunde und Vogelschutz. Er nahm einen Kampf wieder auf, den er schon in Belém begonnen hatte, den Kampf gegen die Jagd auf die Amazonasreiher, deren Federn in der Modeindustrie begehrt waren. Emil Goeldi starb am 5. Juli 1917, mit Siebenundfünfzig, an einem Herzinfarkt. Seine Frau reiste mit den Kindern nach Brasilien zurück, wo die Erinnerung an Emílio Goeldi bis heute weiterlebt. «Sein großer Verdienst war», meint Nelson Sanjad, «dass er das Museum zu einem Mittelpunkt der wissenschaftlichen Forschung für die tropischen Regenwälder machte. Und er hat verstanden, dass man diesen Lebensraum nicht nur erforschen, sondern auch schützen muss.»

Ich verlasse das Büro, mache einen Rundgang durch den Park mit seinen zweitausend Bäumen, die meisten von den europäischen Forschern gesetzt. Auch die Käfige für Katzen und Vögel stammen noch aus der Zeit Goeldis. Aber endlich, sagt der Biograph, habe man etwa Geld bekommen, um eine neue Anlage zu bauen. Nelson Sanjad studierte Journalismus, promovierte dann als Historiker, und die Arbeit am Museum Goeldi hat ihn, wie viele andere Wissenschaftler auch, zu einem Umweltaktivisten werden lassen.

«Heute geht es nicht mehr bloß darum, das Leben im Flusssystem des Amazonas zu studieren. Es geht auch darum, die Auswirkungen dieser menschlichen Eingriffe zu untersuchen. Dazu braucht es noch viel Aufklärungsarbeit, und für die Zukunft muss die Forschung vor allem drei Fragen beantworten: Wir können wir die bereits abgeholzten Gebiete effizienter nutzen? Wie können wir beschädigten Wald zurückgewinnen? Und wie können wir das Kerngebiet des Regenwaldes vor einer Abholzung bewahren?»

Aber auch diese Arbeit ist gefährlich – nicht mehr deshalb, weil Urwaldkrankheiten die Gesundheit der Forscher bedrohen. Illegale Holzfäller und militante Viehzüchter vertreten ihre Interessen mit Gewalt. An der Front zwischen Landwirtschaft und Urwald ist die Stimmung aufgeheizt, der Kampf um die zukünftige Entwicklung Amazoniens wird mit handfesten Argumenten ausgetragen. Nicht selten sehen sich Wissenschaftler des Goeldi-Museums gezwungen, ihre Forschungstätigkeit zu tarnen.

1988, nach dreißigjähriger Militärdiktatur, gab sich Brasilien eine Verfassung, mit der alles besser werden sollte. Darin wird den indianischen Völkern das Recht auf das Land zugesichert, das ihnen traditionell gehörte. In Amazonien existieren noch etwas über hundertfünfzig indigene Völker mit insgesamt 210 000 Angehörigen, 0,2 Prozent der Bevölkerung. Damit sind elf Prozent des brasilianischen Territoriums reserviert für jene 400 000 Menschen, welche die Krankheiten und Sklavenzüge der Eroberer überlebten. Die Hälfte des Bundesstaats Roraima an der Grenze zu Venezuela ist Indianerland; 1,7 Millionen Hektar beträgt das Reservat von Raposa Serra do Sol, das Präsident Lula im Jahr 2005 den Bewohnern übergab, eine Fläche, fast halb so groß wie die Schweiz, für 19 000 Angehörige vier verschiedener Indianervölker. Allerdings hatten einige weiße Farmer den fruchtbaren Boden entlang der Flussläufe bereits entdeckt und damit begonnen, darauf Reis anzubauen. Einige Farmer weigerten sich, ihr Land zu verlassen, Anfang 2008 kam es zu Scharmützeln, eine indianische Siedlung brannte nieder, die Bundespolizei fuhr auf. Damals besuchte ich den Anführer der weißen Siedler, Paulo Cesar Quartiero, zugleich Bürgermeister von Pacaraima an der Grenze zu Venezuela. Ich fuhr durch eine menschenleere Buschlandschaft, durchsetzt von dunklen Felsbrocken. In der Ferne sah ich den Monte Roraima, ein mythischer Berg der eingeborenen Bevölkerung. «Mutter aller Flüsse» heißt Roraima in ihrer Sprache. Paulo Cesar Quartiero war eine Berühmtheit im ganzen Land, weil er wegen seines Widerstands einige Tage im Gefängnis gesessen hatte.

Der Oberkommandeur des Bundesstaates Amazonas hatte ihn mit den Worten geehrt, die Indianer seien unfreiwillige Agenten der Habgier der großen Weltmächte geworden, die nichts als die Reichtümer Amazoniens im Sinn hätten. Sie, nicht die Reisbauern, stellten ein Risiko dar für die nationale Sicherheit. Wenig später trugen Brasilianer im ganzen Land Leibchen mit der Aufschrift: «Amazonien gehört uns». Der General wurde wegen Insubordination ins Präsidium nach Brasília geladen, durfte dann aber sein Kommando behalten. Daraufhin trat die bekannte Umweltministerin Marina Silva zurück; sie hatte genug davon, das grüne Feigenblatt für eine Regierung zu sein, der das wirtschaftliche Wachstum wichtiger war als Umweltanliegen.

Senhor Quartiero war ein ruhiger, selbstsicherer Mann, gegen sechzig, italienische und deutsche Vorfahren, fester Händedruck, kleine, prüfende Augen. Er war 1976 nach Amazonien gekommen. Wie viele andere war er dem patriotischen Aufruf der Militärs gefolgt: «Besiedeln statt (dem Feind) übergeben». Nach harten Anfängen produzierte er im Steppenland von Roraima, zusammen mit einem Dutzend weiterer Farmer, jährlich dreihundertzwanzig Tonnen Reis, sechs Prozent des Bruttosozialprodukts des armen Gliedstaates. Dafür besetzten die Reisbauern einen kleinen Teil, gerade mal 1,5 Prozent des Indianerlandes, das sie nun verlassen sollten.

Was, fragte ich den Helden der weißen Bevölkerung Amazoniens, haben Sie gegen die Indianer?

«Nichts. Indianer haben mich zum Bürgermeister gewählt. Jahrelang haben wir friedlich zusammengelebt. Der Regierung ist es gelungen, den Hass zu entfachen.»

Inwiefern?

«Indem sie die Indios vom Rest der Bevölkerung isoliert. Obwohl sie sich von ihrem ursprünglichen Leben weit entfernt haben. Es sind Brasilianer, sie sprechen Portugiesisch wie wir, kleiden sich wie wir. Wir Weißen sind das Opfer einer Politik der ethnischen Säuberung.»

Deshalb haben Sie das Indianerlager angegriffen?

«Hören Sie, eine Gruppe von Indios ist, aufgehetzt von der

katholischen Kirche, mit Unterstützung der Indianerbehörde, in unser Land eingedrungen. Das kann man nicht akzeptieren. Wir leben hier im Amazonas. Hier gehört das Land dem, der es verteidigt.»

Aber man hat Ihnen Ersatz angeboten!

«Es geht um viel mehr. Es geht um die Souveränität Brasiliens. Ich verteidige mein Land gegen eine neokoloniale Verschwörung imperialistischer Regierungen, welche die Indianer missbrauchen, um an unsere Bodenschätze zu gelangen.»

Wie stellen Sie sich das vor?

«Ganz einfach! Heute braucht es keine Armee mehr, um ein Land zu erobern. Sie brauchen nur ein bisschen Bewusstseinsarbeit zu leisten. Und wenn es soweit ist, und wenn dann ein paar Indios plötzlich die Unabhängigkeit ausrufen, gibt es bestimmt Regierungen, die das neue Land anerkennen. Europa hat es mit dem Kosovo vorgemacht; jetzt macht man sich an den Amazonas.»

Bei den folgenden Wahlen wurde Quartiero glanzvoll als Abgeordneter ins nationale Parlament gewählt, wo er zur mächtigen Agrarlobby gehört, welche die Umwelt- und Indianerpolitik der Regierung bekämpft.

Seit 1988 der Kautschukzapfer Chico Mendes ermordet wurde, der sich den Interessen der Holzfäller und Viehzüchter entgegengestellt und für den Schutz der Wälder eingesetzt hatte, gehört die Umweltpolitik zur Agenda der brasilianischen Regierungen. In den letzten Jahren hat das Umweltministerium vor allem Programme zur nachhaltigen Bewirtschaftung des Lebensraums gefördert. Große Gebiete, insgesamt fünfzig Millionen Hektar, wurden als Naturparks ausgewiesen.

Im Park des Goeldi-Museums verliert Nelson Sanjad für einen Moment seine Ruhe. «Ja, aber was nützt es, wenn das

Geld für Personal und Überwachung fehlt? Der illegale Holzschlag geht ungestört weiter. Die Umweltbehörde unseres Bundesstaates Pará, drei Mal so groß wie Deutschland, hat zwei Helikopter zur Verfügung, um Waldfrevler zu stellen. Gleichzeitig baut die Regierung mitten im Regenwald für elf Milliarden Dollar das drittgrößte Wasserkraftwerk der Welt. Ohne zu überlegen, was der Bau der Straßen, die Ankunft von Tausenden von Arbeitern für Auswirkungen haben werden. Ohne auf die Ergebnisse der Forschung von uns Wissenschaftlern Rücksicht zu nehmen. Und die nationale Entwicklungsbank verleiht Kredite, um im Amazonasgebiet Soja zu pflanzen – und befördert damit eine neue und mächtige Bedrohung des Regenwalds.»

Aber, sage ich, der Staat finanziert auch das Goeldi-Museum und seine siebenhundert Wissenschaftler.

Nelson Sanjad verwirft die Hände, lacht und sieht aus, als möchte er lieber weinen. «Unserer Regierung», seufzt er, «kann man nicht vertrauen, und ich hoffe, dass keine andere Regierung ihr vertraut. Sie unterschreibt zwar Abkommen zum Schutz Amazoniens und erlässt fortschrittliche Umweltgesetze. Aber niemand kontrolliert, ob die Gesetze eingehalten werden.»

Das erinnert mich, sage ich, an den Hexer auf dem Kräutermarkt in Belém. Erst frevelt er an der Natur und dann verkauft er seinen Kunden auch noch einen unwirksamen Zauber.

Aber Nelson Sanjad ist nicht zum Lachen zumute. «Die Politiker in Brasília», doziert er, «verhalten sich Amazonien gegenüber wie eine innere Kolonialmacht, die nur an Gewinn und Wachstum interessiert ist.»

Dann verabschiedet er sich, um seine Kinder von der Schule abzuholen.

Ich bleibe beim Jaguarkäfig stehen. Darin ein Weibchen, knapp zweijährig, es hockt auf einem kahlen Baumstamm und sieht nicht fröhlich aus.

«Komm schon, Mädchen», rufe ich dem Tier zu. «Ist ja vielleicht besser hier, als einem Viehzüchter vor die Flinte zu laufen, der Angst um seine Kälbchen hat.»

Der Jaguar hat alle seine fünf Sinne beisammen, er kann auch schwimmen und tauchen, aber das Exemplar hinter dem Gitter bewegt nicht einmal ein Öhrchen.

«Schweig nur», sage ich, «deine Heimat ist ein wunderbarer Ort, um die Welt nicht zu verstehen. Oder um zu verstehen, dass sie sich nicht verändert, seit Emilio Goeldi in Paris dein Eisengitter bestellt hat. Der Hunger ist stärker als der Verstand.»

Der Kopf der Katze hängt zwischen den mageren Schultern, und der Schwanz hängt traurig zu Boden.

«Der Mensch denkt nun mal, er sei der Chef auf diesem Planeten», tröste ich sie, «und das lässt er sich nicht so leicht ausreden. Weil er selber gar nicht merkt, wie viel Blödsinn er veranstaltet.»

Es ist Werktag in Belém, die Kinder in der Schule, und niemand stört unser Zwiegespräch.

«Ein Hektar Wald, stell dir das vor, bunkert zwei- bis dreihundert Tonnen Kohlenstoff. Das geht als Treibhausgas in die Luft, wenn man den Wald abbrennt, und diese Brandrodung schädigt das Klima mehr als alle Motorräder, Autos, Flugzeuge und Schiffe auf der ganzen Welt zusammen. Und jetzt sorgen sich die Menschen dort, wo es keinen Urwald mehr gibt, sie sorgen sich und veranstalten teure Kongresse und kommen zum Schluss, dass es wohl besser wäre, ein bisschen weniger Auto zu fahren.»

Sie heißt Luaka, so haben sie die Zoobesucher getauft, das

ist der Name einer indianischen Sagenfigur. An menschlichem Verhalten, was den Klimaschutz anbelangt, ist Luaka nicht interessiert.

«Aber eins kann ich dir sagen, ob du es hören willst oder nicht: Hier am Amazonas, nahe beim lieben Gott, weit entfernt von Brasília, wird der brasilianische Held geboren. Hier wird sich das Land entscheiden müssen: für die Kolonialisten oder für die Idealisten, für seine Geschichte oder für seine Träume.»

Ein Papagei krächzt, und endlich bewegt auch meine Freundin ihren Kopf, schaut mich an aus großen Augen. Jetzt sieht sie doch fast so aus, als hätte sie mir zugehört.

Dem Mutigen gehört die Welt

Die Bundesstraße 163 führt von Santarém in Amazonien über den Bundesstaat Mato Grosso 2500 Kilometer südwärts bis zum Hafen von Paranaguá im Bundesstaat Paraná.

Mato Grosso ist der größte Sojaproduzent Brasiliens. 2012 wurden hier fünfzehn Millionen Tonnen produziert, 2013 werden es sechzehn Millionen Tonnen sein.

Drei Viertel davon werden über die Straße transportiert. Das bedeutet, dass während der fünfmonatigen Erntezeit auf der BR-163 im Schnitt zweitausend Vierzigtönner täglich unterwegs sind.

Die BR-163 hat ein paar Löcher. Und auf ihr wird nicht nur Soja zum Hafen gefahren, sondern auch Reis, Baumwolle, Hühnerfleisch und Rinderhälften. Und es sind nicht bloß Vierzigtönner unterwegs, sondern ebenso eine stattliche Anzahl neunachsiger Monster, bis zu dreißig Meter lange Sattelschlepper, jeder mit vierundsiebzig Tonnen Fracht beladen. Die kreuzen sich auf einem schmalen Band von sieben Metern Breite. Nur an wenigen Stellen ist die BR-163 richtungsgetrennt und auf vier Spuren ausgebaut.

Aber auch dort hat sie Löcher.

Ich habe einen kleinen VW Golf gemietet, Flexmotor, mit Ethanol betankt und bin in Cuiabá losgefahren, dreihundertfünfzig Kilometer bis nach Lucas do Rio Verde liegen vor mir, die Stadt im Sojagebiet mit dem höchsten Pro-Kopf-Einkommen des Landes.

Die Löcher sind überall, meistens links und rechts der Piste, die keine Ausweichspur hat, plötzlich auch mitten in der Straße, selbst auf Abschnitten, die wie frisch asphaltiert aussehen.

Es sind nicht nur Löcher, welche die Fahrt zu einem gefährlichen Ausflug machen. Es hat eindrückliche Längsrillen, tiefe Spuren des Fortschritts, gegraben von kilometerlangen Lastwagenkolonnen. Manchmal ist der Asphalt so aufgerissen, dass er einer Mondlandschaft mehr gleicht als einer Straße.

Auf diesem Abschnitt der BR-163 sind im Lauf der Woche schon fünf Menschen umgekommen, gestern zwei. Die waren in einem Personenwagen unterwegs, und man musste ihre Reste, so geht das Gerücht, nach dem Zusammenprall mit einer Schaufel zusammenlesen. Die Straße war feucht, hieß es. Regenzeit im Mato Grosso.

Ein Tanklastwagen überholt. Mitten im Manöver schwenkt er, um einem Loch auszuweichen, nach rechts. Sein Anhänger lässt jeden Höflichkeitsabstand vermissen. Einige Minuten später taucht ein Krater auf, ein Loch, das nicht nur einen Meter breit ist, sondern ebenso tief. Ich nehme die Leerstelle zwischen die Räder. Und weiß, dass ich diese Kurve nicht gekriegt hätte, wenn mich gleichzeitig ein Tanklastwagen überholt hätte.

Es ist leicht auszurechnen, dass es mein Gefährt zerreißt, wenn ich nicht mit genügend Geschwindigkeit über derartige Löcher setze.

Die Landschaft links und rechts ist sanft und abwechslungsreich, ein wenig Buschlandschaft des Cerrado, der Vegetation des brasilianischen Hochplateaus, das satte Grün der reifen Soja, das Gelb der ersten Maisstauden, die nach der Sojaernte gepflanzt wurden, Rinderweiden, in der Ferne bewaldete Hügel, immer wieder ziehen sich Baumalleen durch die Felder.

Nur habe ich kein Auge frei für die Landschaft. Manchmal sehe ich einen meiner starken Gegner wie ein urweltliches Insekt auf dem Rücken liegen, die Räder hilflos in der Luft, die Ladung verstreut, von ein paar Gestalten bewacht, klein und nachdenklich.

Die Sinne sind wach, die Nackenmuskeln hart, und ich weiß, jemand spielt mit meinem Leben.

Aber wer?

Viele Chauffeure, die Soja geladen haben, werden pro Fahrt bezahlt. Die lassen sich von keinem ausbremsen.

In den letzten Tagen war Regen angekündigt, die Pflanzer haben so viel geerntet wie nur möglich, und deshalb sind jetzt noch mehr Lastwagen unterwegs als sonst. Für feuchte Ladungen kürzen die Agro-Konzerne wie Cargill und Bunge den Preis. Das Agro-Business exportierte 2012 Waren im Wert von vierundachtzig Milliarden US-Dollar und trug mit einem Anteil von vierunddreißig Prozent an den Exporteinnahmen wesentlich dazu bei, dass die Regierung den Aufstieg zu wirtschaftlichen Weltmacht verkünden konnte.

Die USA haben vierhundertsiebenundvierzig Kilometer ausgebaute Straßen pro tausend Quadratkilometer, Mexiko hat siebenundfünfzig, China achtunddreißig und Brasilien sechsundzwanzig Kilometer.

Die Bundesstraßen unterstehen der Verantwortung der Bundesregierung in Brasília. Zwischen 1975 und 2005 gingen die Investitionen ins Straßennetz von zwei Prozent auf 0,2 Prozent des Bruttosozialprodukts zurück. Schon die Militärregierung begann damit, in strategisch wichtigen Wirtschaftszweigen einzelne Großfirmen zu bevorzugen und mit günstigen Krediten auszustatten. Auf diese Weise sollte technisches Know-how und internationale Konkurrenzfähigkeit aufgebaut werden. Das System, riesige Infrastrukturaufträge an Generalunternehmen zu vergeben, beförderte allerdings viel mehr die Korruption als die Kompetenz. Jetzt sind die Beziehungen zwischen staatlichen Institutionen und regierungsnahen Unternehmen undurchschaubar und nicht selten mafiös. Erst kürzlich flogen die Machenschaften eines Lobbyisten auf, der den Verwaltungsapparat mit einem ganzen Spionagenetz durchzogen hatte, um lukrative Aufträge vermitteln zu können. Der Mann wurde zu einer langen Gefängnisstrafe verurteilt, befindet sich allerdings noch immer auf freiem Fuß. Sein bestes und bestens gehaltenes Pferdchen war ausgerechnet ein Senator, der auf der politischen Bühne Brasílias immer wieder Ethik einforderte.

Der gegenwärtige Senatspräsident musste als Senator auch schon zurücktreten, weil herausgekommen war, dass ein Generalunternehmer die Kosten für die Wohnung einer Geliebten übernommen hatte. In seiner Antrittsrede verkündete er, Ethik könne nicht das Ziel der Politik sein – das Ziel sei das Wohl Brasiliens.

Und dort treffen sich alle Schlaumeier: in der unablässigen Beschwörung ihres großartigen Vaterlandes. Aber beim Bau sparen sich die Unternehmer alles Geld wieder, das sie für Parteispenden und private Zuwendungen an Beamte und Politiker aufgewendet haben. Deshalb haben die Straßen ein paar Löcher, deshalb bin ich vollgepumpt mit Adrenalin, und deshalb suche ich, nach fünfstündiger Fahrt durch die Hölle des Fortschritts, im dünnen Telefonbuch von Lucas do Rio Verde nach dem Angebot einer Massage.

So treffe ich Irma.

Irma therapiert in einem schmucken Haus, das sie zusammen mit ihrem Mann bewohnt. Es liegt in einem schattigen, von großzügigen Avenidas durchzogenen Viertel. Irma ist fünfundsechzig, blond, stark und breit, und es überrascht nicht, dass sie auch noch Deutsch spricht. Wie die meisten Bewohner von Lucas do Rio Verde kam sie aus dem Süden in den Nordwesten des Landes. Ihr Großvater war, nach einer im Ersten Weltkrieg erlittenen Verletzung, nach Brasilien ausgewandert. Zuvor hatte er in Frankfurt noch ein Diplom in Krankengymnastik erworben. Von ihm, versichert Irma und reibt sich die kräftigen Hände, habe sie alles gelernt, was es braucht, um einen geschundenen Körper zu entspannen. Auch wenn sie sich, beruhigt sie, um auf der Höhe der Knetkunst zu bleiben, jährlich in Kursen weitergebildet habe. Außer während der letzten beiden Jahre, als sie wegen der Einpflanzung eines Magenbandes verhindert war.

Irmas Hände wissen, was sie tun, und unter ihrem steten Druck verwandelt man sich von einem halben Wrack langsam wieder zu einem Menschen. Dazu sagt Irma in ihrem tastenden, dunkel gefärbten Deutsch: «Diese Stadt ist ein Märchen. Lucas do Rio Verde ist eine Märchenstadt, wie es keine andere gibt in diesem Land.»

«Deshalb», sage ich, «wollte ich mit dem Bürgermeister sprechen. Aber der Mann musste plötzlich weg, nach Brasília, und ich weiß nicht, ob ich warten will, bis er zurückkommt.»

Bürgermeister Otaviano Pivetta kam vor etwas mehr als zwanzig Jahren als Lastwagenfahrer in die Gegend. Unterdessen ist er einer der Sojakönige von Mato Grosso. Vor den jüngsten Wahlen deklarierte er ein Vermögen von umgerechnet knapp zweihundert Millionen Euro. Damit ist er der reichste Bürgermeister Brasiliens.

«Oh», sagt Irma, «sprich mit Ildo. Ildo weiß alles, was du über Lucas do Rio Verde wissen musst.»

Die Präfektur befindet sich auf einer Anhöhe außerhalb der Stadt, ein modernes und großzügiges Gebäude, von einer fünfspurigen Ringstraße umgeben, deren Zweck sich dem Besucher nicht erschließt. Lucas do Rio Verde hat fünfzigtausend Einwohner, und vielleicht träumt die Präfektur davon, die Stadt mit einem Traktorrennen berühmt zu machen.

Ildo Romancini, achtundfünfzig, ist Agrarsekretär der Gemeinde von Rio do Lucas Verde und, so stellt sich heraus, ein einnehmender Mensch. Und was für eine Geschichte hat er zu erzählen, einfach und groß, und in ihrem Widersinn doch ganz und gar vernünftig! Trotzdem erzählt er sie fast flüsternd, er hält sich immer wieder am Tischrand fest, holt Luft, als könnte er sie selber nicht ganz glauben.

Sein Großvater kam als Kind aus dem Norden Italiens in den Süden Brasiliens, die Erinnerung an die alte Heimat hat sich verloren. Der Vater besaß ein kleines Grundstück in der Nähe von Passo Fundo im Bundesstaat Rio Grande do Sul. Sie waren neun Kinder, und weil Ildo keine Hoffnung sah, je zu einem eigenen Stück Land zu kommen, schloss er sich als junger Mann der Bewegung der Landlosen an. Zusammen mit João Pedro Stédile organisierte er ein Protestlager, mit dem über zweitausend landlose Bauern für eine Agrarreform kämpften. Stédile machte die Landlosenbewegung später zu einer wichtigen Basisorganisation in Brasilien. Als Lula an die Macht kam, ließ er sich auf eine Umarmung mit dem Arbeiterführer ein.

Danach verlor die Bewegung ihre Kraft, von einer Agrarreform spricht kaum noch jemand. Damals aber war die Militärdiktatur aufgeschreckt, sie sandte einen Major ins Protestlager, und der offerierte Land in einem fernen, unerschlossenen Gebiet, nur von Schlangen und Pumas bewohnt. Die Organisation kämpfte um Land im Süden, und deshalb beschimpfte sie die zweihundertdrei Familien, die das Angebot der Militärs annahmen, als Verräter. Ildo Romancini, seine Frau Nilva und ihre zweijährige Tochter gehörten zu den Verrätern.

Ein eigenes Stück Land! Zu Hause bewahrt er noch den Papierfetzen, mit dem er seine Parzelle von zweihundert Hektar aus dem Lostopf zog. Der See, der dazugehörte, trägt heute seinen Namen. Lago Romancini.

«Damals», erzählt er und breitet die Arme aus, «war alles Staub oder Schlamm. In der Trockenzeit Staub, in der Regenzeit Schlamm.»

Heute hat es Staub nur noch auf den Sportplätzen, die zu den Schulanlagen von Lucas do Rio Verde gehören. Die öffentlichen Schulen gehören zu den besten des Landes, die Mahlzeiten für ihre Schüler setzen landesweit Maßstäbe. Schon hat sich eine Universität niedergelassen. Der Index für menschliche Entwicklung liegt mit 0,818 um ein Zehntel höher als der nationale Durchschnitt und entspricht jenem von Ungarn.

Als die Pioniere 1982 ankamen, schliefen sie im Schatten von einigen Militärbaracken. Wenn Ildo Romancini einen Brief aufgeben oder telefonieren wollte, musste er zweihundertfünfzig Kilometer weit in die nächste Stadt reisen. Heute besitzt er in Lucas do Rio Verde seinen eigenen Supermarkt.

Als er ankam, baute er mit seiner Frau zusammen zuerst eine Hütte, vier auf fünf Meter, nachts hörten sie den Schrei des Jaguars, am andern Tag fanden sie seine Spuren. Ein Nachbar starb am Biss einer Klapperschlange. Es gab kein Serum, das ihn hätte retten können. Von den zweihundertdrei Familien, welche mit ihnen in den Nordwesten gereist waren, kehrten hundertzweiundneunzig zurück. Einige verkauften ihr Land für den Preis einer Rückfahrtkarte.

Die ersten drei Jahre pflanzte Ildo Romancini Reis. Dann

kamen Agronomen des staatlichen Forschungsinstituts Embrapa mit neuen Sojazüchtungen, die der Hitze und Trockenheit des Savannenklimas widerstanden. Also pflanzte Romancini Soja, nach fünf Jahren kaufte er seinen ersten gebrauchten Wagen. Heute hat er seinen eigenen Traktor, seine eigene Erntemaschine, seine eigene Bewässerungsanlage. Statt zweihundert Hektar Land besitzt er sechshundert, statt dreißig Sechzig-Kilo-Säcke Soja pro Hektar erntet er sechzig, und statt siebzehn Reais erhält er sechsundfünfzig Reais pro Sack.

Warum, frage ich, ist Bürgermeister Otaviano Pivetta, der zur gleichen Zeit hier ankam, zum Multimillionär geworden und Ildo Romancini nicht? Warum besitzt Otaviano Pivetta über hunderttausend Hektar Land, um Soja zu pflanzen, und Ildo Romancini bloß sechshundert?

Der Agrarsekretär der Gemeinde von Lucas do Rio Verde klammert sich an die Tischkante, holt Luft, beugt sich vor – und dann lacht er. «Das ist die Frage», belustigt er sich, «das ist die Frage», und dann gibt er auch die Antwort: «Unsereiner begnügt sich schnell. Aber ein Mann wie Otaviano Pivetta begnügt sich nie. Gut, er kam mit etwas Bargeld hier an. Ich hatte gar nichts. Aber er hatte mehr als das: Er hatte eine Vision. Er sah, dass man dieses Land zum Produzieren bringen musste. Er kaufte Land, rodete es, verkaufte es zum fünffachen Preis. Den Erlös seiner Ernte setzte er ein, um neues Land zu machen – ein Mann, der keine Angst kennt.»

Angst wovor?, frage ich. Wovor hätte er Angst haben sollen?

«Er hatte keine Angst, Schulden zu machen. Im Unterschied zu einem kleinen Mann, wie ich einer bin.»

Jetzt lacht der Mann nicht mehr, aber traurig wirkt er auch nicht. «Wir alle», fährt er fort, «wir alle hatten mehr im

Kopf, als reich zu werden. Wir alle wollten etwas aufbauen für unsere Kinder. Wir alle setzten uns für die Gemeinde ein. Ich war jahrelang im Gemeinderat. Pivetta war schon Bürgermeister zwischen 2000 und 2008. Wir brachten die Elektrizität in die Stadt, bauten Schulen, ein Spital, Häuser für die Arbeiter, die Beschäftigung fanden in der verarbeitenden Industrie, die sich in Lucas do Rio Verde anzusiedeln begann.»

Aber, sage ich, für die Bewegung der Landlosen ist der Sojaanbau zum großen Feind geworden. Weil er die familiäre Landwirtschaft zerstöre. Weil sich die Abholzung des Regenwaldes mit dem Rhythmus des Sojapreises bewege: Steigt der Preis, nimmt die Abholzung zu.

Der Landwirtschaftssekretär von Lucas do Rio Verde, ehemaliger Aktivist der Landlosenbewegung, lehnt sich zurück, wiegt den Kopf. «Wir waren jung und hungrig, und wir wussten wenig. Es ist wahr, wir haben gerodet, was zu roden war, wir pflanzten bis an die Ufer der Gewässer. Wir brauchten Gifte, die waren so stark, dass ihr bloßer Geruch die Fische umgebracht hat. Aber wir haben gelernt. Die Technologie hat sich verbessert. Ich selber halte jetzt einen Abstand von hundert Metern zum Seeufer ein. Unsere eigenen Kinder haben Bäumchen gesetzt, um die ursprüngliche Natur wieder aufleben zu lassen. Im See schwimmen wieder Fische. Ein Viertel des ganzen Gemeindegebiets ist unberührt und soll es auch bleiben – uns allen ist bewusst geworden, dass wir keinen Raubbau an der Natur betreiben dürfen. Dass der Regenwald eine wichtige Rolle spielt für das weltweite Klima, und dass wir ihn schützen müssen.»

Ja, sage ich, aber jetzt baut der Nahrungsmittelriese Cargill in Santarém, tausend Kilometer nördlich, einen Hafen, um die Soja über den Amazonas zu transportieren. Wenn der Hafen gebaut und die BR-163 bis nach Santarém asphaltiert ist, wird das den Weg der Lastwagen um 1500 Kilometer verkürzen. Aber wer wird neue junge, hungrige und unwissende Pioniere davon abhalten, mit ihr nordwärts zu ziehen, ein Stück Urwald zu roden und Soja zu pflanzen auf einem eigenen Stück Land?

«Das können wir nur verhindern», sagt Ildo Romancini, und jetzt tönt er plötzlich etwas lahm und formelhaft, «wenn es gelingt, mit neuen Sorten und verbesserten Anbaumethoden den Ertrag auf der bestehenden Fläche zu erhöhen. Denn die Soja ist es», verkündet er mit neuem Elan, «welche die Welt am Leben hält, und ich möchte nicht wissen, was sie ohne ihre Stärke machte.»

Wenn die Soja so wichtig ist, Senhor Ildo, warum blockiert ihr Produzenten nicht die löchrige BR-163, bis sie für eure Fahrer, für eure Kinder, für euch selber keine Lebensgefahr mehr darstellt?

Jetzt lacht Ildo Romancini, der gute Mann, er lacht, wie er vielleicht schon lange nicht mehr gelacht hat, und vielleicht weint er auch: «Weil wir, wenn wir protestieren, auf unserer Soja sitzen bleiben.»

Von Jägern und Räubern

Einmal, vor vielen tausend Jahren, war hier ein Meer. Das Pantanal, das größte Schwemmgebiet der Welt, ist größer als Griechenland. Jährlich wird das Pantanal zu achtzig Prozent überschwemmt, und deshalb ist die Gegend im mittleren Westen Brasiliens so dünn besiedelt.

In langen mondlosen Nächten, Stunden entfernt von jeder Ablenkung, sieht man im Sternenhimmel die Galaxie der Großen Magellanschen Wolken, 160 000 Lichtjahre entfernt. Und wer die Geduld und die Ruhe hat, sieht auch tief in die eigene Seele.

Am Morgen ist die Spur, hundert Meter vom Wohnhaus entfernt, noch deutlich zu sehen, der Abdruck ist größer als der von Hund oder Puma, deutlich breiter als lang, ein selbstbewusster Auftritt. Wie jede Nacht, punkt elf Uhr, ging Fabio, der Mann der Köchin Márcia, nochmals hinaus, um den Dieselmotor abzustellen und die Lichter auszuschalten. Da sah er den Jaguar, wie er um den Motorschuppen schlich. Der Mann zog sich leise zurück und schloss sich zusammen mit seiner Frau in sein Angestelltenhäuschen ein. Auf São Bento, zweihundertvierzig Kilometer südlich von Cuiabá, zwanzig Bootsminuten von Porto Jofre entfernt, an der Grenze zwischen den brasilianischen Bundesstaaten Mato Grosso und Mato Grosso do Sud, blieben letzte Nacht die Lichter an.

Das Hauptgebäude der Fazenda, zwanzigtausend Hektar zwischen den Flüssen Cuiabá und Piquiri, liegt an einem kleinen See voller Wasserschweine und Witwenenten. Ihm schließen sich, von mächtigen Bäumen geschützt, ein halbes

Dutzend Häuschen an für die verheirateten Vaqueiros, die Küche, die Unterkunft für die Junggesellen. Es gibt kein Fernsehen auf der Farm, kein Radio und keine Zeitung. Seit Beginn des 19. Jahrhunderts, seit erste portugiesische Kolonisten sich mit ihren Rindern ins Feuchtland des Pantanal wagten, gibt es hier nur ein Kino: Das ist der Jaguar, panthera onca, gefleckt, manchmal schwarz, drittgrößte Großkatze nach Löwe und Tiger, die größte Amerikas, verbreitet vom Südwesten der Vereinigten Staaten bis in den Norden Argentiniens. Aber nur hier, im brasilianischen Pantanal, nur hier trifft man auf mächtige Männchen von hundertfünfzig Kilo, doppelt so schwer wie im Amazonas und in Zentralamerika.

«Vermutlich das Weibchen, das wir letzte Woche gesehen haben», sagt einer der Viehhüter, «es stand mitten auf dem Weg, und als wir geritten kamen, schlug es sich in die Büsche.» Er spuckt aus und trifft den Abdruck im sandigen Boden, den er eben noch studiert hat. «Vielleicht dasselbe Tier, das vor zehn Tagen vier Kälber riss, in einer einzigen Nacht!»

Die Vaqueiros tragen schwarze Hüte und über den Hosen einen breiten Lederschutz, im Gurt ein langes Messer und das Schleifwerkzeug. Sie sind um vier Uhr aufgestanden, um sechs Uhr haben sie die Pferde gesattelt, und jetzt haben sie bereits einen ersten Ausritt hinter sich. Zur Fazenda gehören fünftausend Rinder, den fünfzehn Vaqueiros stehen hundertsiebzig Pferde zur Verfügung.

«Sucht nur weiter», frotzelt Rafael Hoogesteijn, «dann findet ihr die Spur des armen Fabio. Der hat sich bestimmt in die Hosen geschissen, als er den Jaguar sah.»

«Ich bin», wehrt sich der Angeschuldigte, «schnell weggelaufen, das war alles.»

«Falsch», sagt Hoogesteijn. «Du darfst dem Tier nicht

den Rücken zuwenden. Langsam rückwärtsgehen und keine schnellen Bewegungen. So macht man das.»

Hoogesteijn erinnert sich an das erste Mal, als er selber einen Jaguar sah. Nein, er hat ihn nicht gesehen, bloß gerochen. Das war in den Llanos des Orinoco, in der Tiefebene im Südosten Venezuelas, und er war unterwegs mit einem Freund, als ihm dieser Geruch in die Nase stach. Zuerst lachte er, aber dann merkte er, dass es kein Furz war, es stank wie im Löwenzwinger des Zoos von Caracas, und er wusste, der Jaguar war da, und das Herz klopfte ihm bis zum Hals.

Danach studierte der Veterinär das Verhalten der Tiere in seiner Heimat Venezuela, er wurde zum weltbekannten Jaguar-Experten, schrieb ein Buch und einen Leitfaden über die Probleme, welche die Risse des Jaguars den Viehzüchtern verursachen. Jetzt ist er in Brasilien und versucht den Vaqueiros von São Bento beizubringen, wie man das Vieh vor den Angriffen des Jaguars schützt, ohne ihn zu erschießen. Ende 2007 kaufte die amerikanische Tierschutzorganisation Panthera die Fazenda, seither ist auf São Bento die Jagd verboten. Rafael Hoogesteijn arbeitet im Auftrag der Amerikaner. Er ist jetzt bald sechzig, Angst vor dem Jaguar hat er längst keine mehr.

In der Küche gießt die Köchin Márcia Kaffee auf. Der Herd ist ein mächtiger Altar aus Stein, darüber eine Eisenplatte, in der Mitte eine Öffnung für das Brennholz. Nach dem Vorfall in der vergangenen Nacht denkt Márcia an die Kinder, die in den Ferien auf der Fazenda bleiben werden. Jetzt sind sie in der Schule, hundertfünfzig Kilometer von der Fazenda entfernt, in der sicheren Stadt von Poconé.

Die Männer sitzen beim Frühstück am langen Tisch, und Benedito gibt ihr recht. Benedito ist der Traktorfahrer auf der Fazenda und der Mann, der meistens für gute Laune sorgt.

Nur wenn es um den Jaguar geht, vergeht ihm der Spaß. Er pflichtet der Köchin bei.

«Kein Erwachsener», schimpft er, «getraut sich allein und zu Fuß in den Busch. Immer zu zweit. Keiner geht allein, nur dieser verrückte Venezolaner.»

«Der Mensch», wiederholt Hoogesteijn zum unendlichsten Mal, «steht nicht auf dem Speiseplan des Jaguars. Zu Angriffen kommt es nur, wenn ein Weibchen seine Jungen verteidigt oder wenn ein Tier verletzt ist.»

Um die Vorurteile gegenüber der Raubkatze abzubauen, hat der Forscher den Angestellten auch schon eine kleine Schrift verteilt. «Mensch und Jaguar», heißt es darin, «vertragen sich deswegen so schlecht, weil sie sich so ähnlich sind. Beides sind Fleischfresser und große Jäger, und sie streiten sich um die gleiche Beute.» Bis jetzt haben seine Erziehungsversuche wenig gefruchtet.

«Was ist», ereifert sich Benedito, «was ist mit dem Mann in Cáceres, dem vor einem Jahr ein Jaguar den Kopf weggefressen hat?»

«Der Kerl war besoffen», unterbricht Joaquim Proença die Diskussion in der kleinen Kantine der Fazenda São Bento. Niemand hat gehört, wie ihr Verwalter zur Tür hereingekommen ist, obwohl er kaum zu übersehen ist. Ein mächtiger grauer Schädel, breites, faltiges Gesicht, kurzer Hals, ein helles langärmliges Hemd spannt über den festen Bauch. Trotzdem bewegt der Mann sich gewandt, seine Stimme ist ein leises Schnurren, das sofort Aufmerksamkeit beansprucht. «Der Kerl hat den Jaguar täglich mit Fischen gefüttert, damit die Touristen was zu sehen kriegen. An diesem Tag wartete er vergeblich auf das Tier. Er betrank sich und legte sich in seinem Zelt schlafen. In der Nacht kam der Jaguar, um sich sein Fressen zu holen. Selber schuld.»

Joaquim hat die Fünfzig hinter sich. Als er Kind war, ging sein Vater alle sechs Monate in die Stadt, um den Vorrat an Kerosin, Salz, ungeröstetem Kaffee und Zucker zu erneuern – alles andere gab es auf der Fazenda. Im Pantanal befinden sich fünfundneunzig Prozent des Landes in Privatbesitz. Seit zweihundert Jahren verstehen sich die Fazendeiros als Vorposten der Zivilisation, nur den Gesetzen unterworfen, die sich im Kampf gegen eine unbezähmbare Natur herausgebildet haben. Jedes Jahr zur Regenzeit fließen Milliarden von Litern Wasser aus dem brasilianischen Hochland in die Tiefebene des Pantanal, größtes Feuchtgebiet der Welt. Die hundertsiebzig Flüsse können nur vierzig Prozent davon aufnehmen, achtzig Prozent des Landes werden überschwemmt. Die schwierigen Bedingungen für die Menschen machen das Gebiet zu einem Rückzugsareal für bedrohte Tierarten. Die Wissenschaft zählt 463 Vogel-, 177 Reptilien- und 124 Säugetierarten und bis zu zehn Jaguare pro hundert Quadratkilometer, mehr als irgendwo sonst.

Ist denn, Senhor Joaquim, der Jaguar tatsächlich ungefährlich?

Die kleinen Augen verschwinden in den Falten des Gesichts, und es ist kaum zu erkennen, ob die Frage den Verwalter zum Lachen oder zum Weinen bringt. «Im Pantanal», sagt er, «übertreibt jeder, wenn es um den Jaguar geht. Und die Fremden glauben alles aufs Wort. Die wahren Pantaneiros wissen, dass man mehr Angst haben muss vor den Wildschweinen.»

Der Pantaneiro, der traditionelle Bewohner des Pantanals, ist so bedroht wie der Königsblaue Hyazinth-Ara, das Symboltier der Region. 1975 brachte eine große Überschwemmung über 800 000 Rinder um. In der Folge gaben immer mehr Fazendas entmutigt den Betrieb auf, andere stellten auf

Ökotourismus um. Große Unternehmen modernisierten die Viehzucht, indem sie exotische Weidegräser einführten.

«Und jetzt kommen auch noch die Wissenschaftler», fährt Joaquim, der alte Pantaneiro, fort und fasst den Venezolaner ins Auge. «Die wollen herausfinden, was der Jaguar denn wirklich frisst. Dabei müssten sie nur mich fragen, ich weiß es: Er frisst meine Kälber.»

Rafael Hoogesteijn, Fachmann auf dem Gebiet, nickt. «Der Jaguar ist ein Opportunist. Wenn sich Gelegenheit bietet, reißt er auch ein Rind oder ein Pferd. Das lässt sich nie vollständig verhindern. Aber ich bin sicher, dass Fehlgeburten in deiner Herde mehr Verluste verursachen als Jaguarrisse.»

Aber jetzt ist der Chef schon wieder weg, und der Tag auf der Fazenda nimmt seinen üblichen Lauf. Die jüngsten Vaqueiros bringen Salz auf die Weiden und holen versprengte Rinder zurück.

Im Pantanal gibt es kaum Zäune. Wenn das Wasser kommt, muss das Vieh in ein höheres Gelände fliehen können. Zwischen Waldinseln und Buschwerk sucht sich die Herde die besten Weideplätze selbst. Dort finden die wichtigsten Arbeiten der Vaqueiros statt: die Jungtiere impfen und mit dem Brenneisen zeichnen.

Das erzählt Joaquim, während er den Toyota Pick-up über das weite Land steuert, blind durch meterhohes Schilf, schliddernd über lehmigen Sumpf, entspannt über abgeweidetes Land.

«Siehst du den Sumpfhirsch dort?», sagt er manchmal. «Die Wildschweine? Und was macht der Kaiman mitten im Busch? Der sucht sich ein tieferes Wasserloch. Was bedeutet, dass es eine lange Trockenheit geben wird. Siehst du die blauen Papageie? Siehst du diese abgenagten Knochen? Das war der Jaguar.»

Der Jaguar, erzählt er, liebe die Nähe der Flüsse. Dort überleben dreißig von hundert Kälbern. Hier, wo der Jaguar selten ist, überleben siebzig von hundert. Wir befinden uns jetzt am andern Ende der Fazenda, dem höher gelegenen Retiro, wohin die Tiere sich während der Überschwemmung zurückziehen, einige niedrige Häuser, ein Schweinestall, ein Hühnerschuppen.

«Deswegen», sagt Joaquim, «jagen die Leute den Jaguar.»

Wirklich nur deswegen?, frage ich.

Der Verwalter wiegt sein mächtiges Haupt über dem kurzen Hals, die Augen sind Schlitze. Er ruft dem Angestellten etwas zu, und der bringt ein Instrument aus zwei kurzen, dicken Bambusrohren, die seitlich aneinander befestigt sind. Er bläst hinein, ein kurzes, heftiges, heiseres Bellen.

«Das ist der Ruf des Jaguarmännchens», erklärt Joaquim, «und wenn ein anderes in der Nähe ist, gibt es kein Halten mehr, kein Links und kein Rechts. Früher hat man sich im Busch versteckt und mit diesem Instrument den Jaguar gerufen.» Er nimmt einen Stock zur Hilfe, um den Kampf mit dem Jaguar darzustellen. «Fest in den Händen hältst du die Zagaia, die zweizackige Lanze, vom Dorfschmied gefertigt, und du hast das Tier damit nicht erstochen. Es hat sich aufgerichtet, um dir an den Hals zu gehen, und in seiner Mordlust hat es sich selber in den Tod gestürzt. Ein Knauf verhinderte, dass die Lanze den Jaguar gänzlich durchbohrte. Du musstest nur stark genug sein, dir seine Pranken vom Leib zu halten. Wenn du das geschafft hast, dann warst du ein Mann.»

Am Nachmittag studiert Rafael Hoogesteijn die Vogelwelt seiner neuen Heimat. Sein Vater war ein Holländer, der in Deutschland lebte, bevor er nach Venezuela auswanderte, und deshalb kennt Rafael Hoogesteijn die Namen der Vögel nicht nur auf Lateinisch, Englisch, Spanisch und Portugiesisch, sondern auch auf Deutsch. Auf seinen Streifzügen durch die Gegend, die ihm den Ruf eines Verrückten eingetragen haben, bekommt er viel Gelegenheit, seine Kenntnisse aufzufrischen. «Biguatinga», ruft er, «Familie der Anhingidae, Schlangenhalsvogel.» Oder: «Cardeal-do-pantanal, Paroaria capitata, Mantelkardinal. Maria-faceira, Syrigma, Pfeilreiher.»

Hoogesteijn kennt auch alle Arbeiten seiner Wissenschaftskollegen, die das Verhalten des Jaguars erforschen und sein Verhältnis zum Menschen studieren. Von Peter Crawshaw Jr. weiß er, dass die Population der Jaguare im Pantanal zunimmt. Von der brasilianischen Forscherin Sandra Cavalcanti weiß er, dass die Raubkatzen sich auch dann an Kälber und Rindern gütlich tun, wenn genügend Wild vorhanden wäre, das ihnen als Nahrung dient: vorwiegend Wasserschweine und Weißbartpekari, Nasenbären, Kaimane, Fische. Untersuchungen im Pantanal bestätigen Hoogesteijns eigene Erfahrungen aus Venezuela: Auf hundert Stück Vieh fallen ein oder zwei Tiere dem Jaguar zum Opfer. Die Verluste durch Aborte und Infektionen wiegen ungleich höher, nur fallen sie den Viehzüchtern weniger auf. Aber es gibt auch problematische Tiere, solche, die mit Kälbern das Jagen erlernt haben, solche, die wegen einer Verletzung keine andere Möglichkeit mehr haben und sich fast ausschließlich von den Rindern ernähren. «In diesem Fall», sagt Hoogesteijn, «ist es verständlich, wenn die Viehzüchter zur Selbsthilfe greifen. Auch wenn die Jagd in Brasilien offiziell verboten ist.»

«Nie», schwört Joaquim Proença beim Nachtessen, das Hemd offen, die Ärmel zurückgekrempelt, «nie habe ich einen Jaguar einfach so erschossen.»

Die Köchin Márcia hat Reis gekocht, Bohnen, das Fleisch eines verwilderten Wasserbüffels.

«Das ist gegen die Ehre des Jägers. Spaß macht es nur mit Hunden. Der Spur folgen, manchmal stundenlang. Aber die Hunde müssen dir vertrauen. Sonst kommen sie nicht mit. Und wenn sie den Jaguar gestellt haben, weiß ich aufgrund der Reaktion der Hunde, was mich erwartet. Wenn die Katze auf den Baum geflüchtet ist, ist es einfach. Die hole ich runter wie ein Vögelchen. Aber die wildesten Katzen fliehen nicht. Die wehren sich. Eine hat mir sieben Hund getötet und ist dann über den Fluss auf und davon. Eine habe ich zwischen den Beinen des Mannes hindurch erschossen, der mit dem Messer den Weg durch den Busch schlug.»

Wie viele waren es?

Joaquim tut sich schwer mit der Antwort. Offensichtlich möchte er nicht zu den Leuten gezählt werden, die den Fremden wilde Märchen erzählen. «Über hundert.»

Ist es schwierig, für eine Tierschutzorganisation zu arbeiten?

«Eine neue Herausforderung. Es gibt Probleme mit dem Jaguar, die ich anders lösen würde. Sie versuchen es auf ihre Art. Und da sie mich bezahlen, bin ich gern dabei.»

Rafael Hoogesteijn hat Verständnis für die Sorgen der Farmleute. Sie können nirgendwo Hilfe holen, wenn sie ein Problemtier in der Nähe haben. Es gibt keine Entschädigung für die Verluste, es gibt keine Möglichkeit, das Tier zu fangen. Neu überlegt man sich, ihren Abschuss für Sportjäger freizugeben. Aber das ist Zukunftsmusik. Noch sind die Fazendeiros allein mit ihrem Problem.

Joaquim schüttelt sein Haupt. «Sportjäger!», wiederholt er, dann steht er auf und verabschiedet sich.

Am andern Morgen hört man ihn in aller Frühe schreien,

er, Hoogesteijn, der Venezolaner, sei zu nichts nütze, er stehe nur blöd im Weg herum, und einige weitere Freundlichkeiten schlägt er dem Wissenschaftler um die Ohren.

Dann ist der Verwalter weg, Hoogesteijn niedergeschlagen. Seine Idee, in der Nacht einen Vaqueiro mit dem Traktor die Herde umrunden zu lassen und die Raubkatzen mit Leuchtraketen zu vertreiben, scheitert daran, dass kein Vaqueiro die Nacht draußen verbringen will. Mit Erfolg hat er andernorts schon die Methode getestet, Wasserbüffel in die Herde zu mischen, die sich gegen Jaguarattacken zu wehren wissen, aber auch dieses Vorhaben muss noch warten.

«Es ist schwierig», sagt er, «althergebrachte Mentalitäten zu ändern. Viele Fazendeiros im Pantanal sind aufgeschlossen gegenüber dem Gedanken, den Jaguar zu schützen. Aber dort, wo die Besitzer in der Stadt wohnen, vertreiben sich die Vaqueiros die freien Tage damit, auf die Jagd zu gehen.»

Als der Verwalter zurückkehrt, ist er dreckig, müde und hungrig. Er war mit einem Vaqueiro und dem Boot unterwegs, und die Hälfte der Zeit, berichtet er, hätten sie es tragen müssen.

Und heute Morgen, Senhor Joaquim, was war denn da los?

«Es tut mir leid», antwortet er, «ich muss mich entschuldigen. Aber manchmal ist es nicht leicht. Ein ganzes Leben hat man im Pantanal verbracht, und immer wieder kommen die Studierten und sagen einem, was man tun soll. Und nach zwei, drei Jahren gehen sie. Alle gehen wieder, und nur wir bleiben hier, ertragen die Hitze, die Feuersbrünste während der Trockenheit, die Überschwemmungen. Und dann entdecken wir, dass es plötzlich fast keine Fische mehr hat in den Flüssen, dass viele Vögel nicht mehr erscheinen. Wegen uns? Oder weil sie Soja pflanzen in den Quellgebieten der Flüsse und alle Chemie zu uns geschwemmt wird?»

Später reden die beiden Männer lange miteinander, und schließlich umarmen sie sich.

Aber Rafael Hoogesteijn, Veterinär und Buchautor, weiß, dass eine schwierige und fast unmögliche Arbeit auf ihn wartet.

Autos, Rinder, Konsumenten

Die Bundesstraße BR-153, Transbrasiliana genannt, ist 4355 Kilometer lang. Die Straße führt von Belém am Amazonas durchs Innere des Landes bis hinunter nach Rio Grande do Sul an der Grenze zu Argentinien. Eine Lebensader Brasiliens. Über die BR-153 schickten die Militärs 1965 die Siedler nach Amazonien. Diese schufen dort mit Feuer und Hacke die größte Agrarfront der Welt, eroberten eine Million Quadratkilometer Land, und täglich dringen sie weiter nordwärts.

Ein Wilder Westen, dessen Geschichte noch nicht erzählt ist.

Über die BR-153 schicken die Goldsucher jetzt ihre Schätze zurück in die Millionenstädte des Südens: siebenundachtzig Prozent des Fleischs Amazoniens werden im eigenen Land konsumiert, die Hälfte des räuberisch geschlagenen Tropenholzes geht an heimische Kunden. Aus der Industriezone von Manaus kommen Lastwagen voller Haushaltsgeräte und Motorräder.

Im Bus ein fröhlicher Haufen von Passagieren, in der Mehrzahl Frauen, Händlerinnen, die billige Einkäufe machten in den zollfreien Zonen Amazoniens, Hausangestellte und Kindermädchen auf dem Weg zurück in die winzigen Klausen, die sie in den Wohnungen der verwöhnten städtischen Mittelklasse belegen. Reisende zwischen den Welten.

Draußen segelt weites flaches Land vorbei. Alle paar Stunden ein geschäftiges Städtchen, gewachsen innert weniger Jahrzehnte. Marabá. Xambioá. Wanderlândia. Paraíso do Tocantins. Nova Rosalândia. Ein neues Brasilien, unfassbar im Tempo, in dem es sich verändert.

Kein Schriftsteller, dem es noch gelingen könnte, in einem großen Werk den Atem so vieler Zeiten anzuhalten, die mit- und nebeneinander das Land bremsen und vorwärtstreiben. Kein Gilberto Freyre mehr, kein Jorge Amado, kein Guimarães Rosa, die einen Spiegel entwerfen, in dem das Land seine eigenen Obsessionen erkennen kann.

Die Welt der Worte gehört den Politikern, die wunderbare Träume entwerfen für die Mehrheit ihrer armen Wähler. Eine Minderheit von mächtigen Familien und modernen Unternehmern schafft Tatsachen, und die huschen an den Fenstern des klimatisierten Busses vorbei: eine hochmoderne Agrarindustrie im Pulsschlag der globalisierten Wirtschaft.

Brasilien hat Landreserven und eine lange Tradition des Großgrundbesitzes. Was lange als rückständig und unsozial galt, erweist sich für die industrielle und hochtechnologische Produktion von Lebensmitteln als Vorteil. Eine Wirkungsmacht, die alle anderen landwirtschaftlichen Entwicklungsmodelle überrollt. Die Vertreter der kirchlichen Institutionen, die hartnäckig ihr paradiesisches Modell einer familiären Bodenbearbeitung verteidigen, werden verfolgt und mit dem Tod bedroht. Wo es um Land geht, gibt es keine Menschenrechte.

Im Bundesstaat Pará, den zu queren der Bus zehn Stunden benötigt, werden jährlich vierzehn Menschen im Zusammenhang mit Landkonflikten ermordet. In den letzten zehn Jahren blieben achtundneunzig Prozent dieser Verbrechen ungesühnt.

Aber neuer Reichtum entsteht, neue Möglichkeiten eröffnen sich. Nach der Finanzkrise 2008, auf der Suche nach neuen lohnenden Investitionszielen, entdeckten die internationalen Anleger Brasilien mit seinem riesigen Binnenmarkt und den großen Land- und Rohstoffreserven. Boomland Brasilien.

Das Städtchen Araporã liegt im äußersten Westen des Bundesstaats Minas Gerais, es zerschneidet die BR-153 in der Mitte, 2200 Kilometer südlich von Belém, und an der Tankstelle Beira Rio, die umsatzstärkste des Planeten, werden sechzig Millionen Liter Treibstoff jährlich verkauft, der abgasgeschwängerte Beweis für die robuste Dynamik des brasilianischen Hinterlandes.

Die Brasilianer lieben Superlative, und ihre Landwirtschaft hat einige davon zu bieten: Exportweltmeister in den Sparten Kaffee, Zucker, Geflügelfleisch, Rindfleisch, Tabak und Orangensaft, Platz zwei bei Soja. Am Rande von Araporã, in der *Churrascaria* der Tankstelle Beira Rio, beliebt bei den fünftausend Lastwagenchauffeuren, die hier täglich Halt machen, tönt Sertanejo-Musik aus den Lautsprechern, die sentimentalen Heuler der ländlichen Bevölkerung. Die *Rodeios*, die traditionellen Wettkämpfe der Viehhüter, setzen mehr Geld um als jede andere Sportart nach Fußball.

Im Jahr 2002 kam in Brasilien der erste Wagen mit einem Flexmotor auf den Markt, der sowohl mit Ethanol als auch mit Benzin oder einer Mischung betrieben werden kann. Heute sind neunzig Prozent aller neuverkauften Wagen mit Flexmotoren ausgerüstet. Seit die Welt nach einem Ersatz für fossile Treibstoffe sucht und den Ausstoß von Kohlendioxid verringern will, öffnet sich zusätzlich ein großer Markt für den Export von Biotreibstoff. So hat sich die Zuckerindustrie, von ihrem Zentrum im Hinterland von São Paulo aus, die BR-153 entlang nordwärts ausgedehnt bis in den westlichen Zipfel von Minas Gerais, drängt jetzt weiter nördlich in den Staat Goiás; innert acht Jahren hat sich die Zuckerrohrernte mehr als verdreifacht, von fünfzehn Millionen auf fünfzig Millionen Tonnen. Auf sieben Millionen Hektar wird Zuckerrohr angepflanzt, und eine Ausdehnung um weitere dreißig Millionen Hektar sind denkbar – und hier faltet Nilo Bernardi die Hände –, ohne einen einzigen Baum am Amzonas zu fällen.

«Warum nur?», fragt Bernardi und schaut drein, als hätte er einen Schädling in der Ernte, «warum nur verteufeln die Europäer unser Ethanol?»

Nilo Bernardi ist Direktor der Zuckerrohrfabrik Alvorada, 22 000 Hektar, 2300 Beschäftigte.

Es ist schwierig, gestehe ich meinem Gesprächspartner, in Europa etwas Gutes über Ethanol zu vermelden. Das liegt daran, dass die Bauern dort ihr Ethanol selber produzieren wollen und eine gute Lobby haben bei ihren Regierungen. Aber noch schwieriger, fahre ich fort, ist es, etwas Schlechtes über den weltweit populären Ex-Präsidenten Lula zu schreiben. Und gar unmöglich, in Europa die Wahrheit über die Brasilianerinnen zu sagen, angeblich süßer als alles, was deine Zuckerrohrfelder hergeben.

Bernardi lacht.

In der *Churrascaria* der weltgrößten Tankstelle fährt die Bedienung solange Fleisch auf, bis der Gast erschöpft aufgibt.

Die Schweiz verschmäht Ethanol aus Brasilien, weil die Arbeitsbedingungen zweifelhaft seien und der Anbau die Abholzung des Regenwalds befördere.

«Brasilien ist so weit», ruft Bernardi aus «so weit können die Europäer gar nicht denken. Wir sind hier immer noch über zweitausend Kilometer vom Amazonasgebiet entfernt. Dort macht das Klima den Anbau von Zuckerrohr unwirtschaftlich. Und die Zuckerrohrarbeiter können wir auch aus sozialen Gründen nicht von einem Tag auf den andern durch Maschinen ersetzen.»

Aber, sage ich, das Zuckerrohr verdrängt das Vieh und treibt den Sojaanbau weiter nach Amazonien.

«Man muss wissen», antwortet der Ingenieur, «dass Brasilien noch über sechsundneunzig Millionen Hektar an ungenutztem oder schlecht genutztem Agrarland verfügt. Und das müssen wir besser nutzen, statt den Regenwald abzuholzen.»

Dann kramt Nilo Bernardi sein Handy hervor, auf dem Display kann er jederzeit erkennen, ob die Mühlen seiner Fabrik ihre Arbeit ohne Störung verrichten: 4269 Tonnen Zuckerrohr haben sie heute schon gemahlen, 387 davon wurden von Hand geerntet.

Ich verabschiede mich und reise weiter hinein ins Boomland Brasilien. Innerhalb von zehn Jahren hat Uberlândia, vormals ein gemächliches Landstädtchen, hundert Kilometer von Araporã und der BR-153 entfernt, die Silhouette einer Großstadt gewonnen.

Hier lebt Thiago Camargo, vierunddreißig, gelernter Veterinär, ehrgeiziger Viehzüchter. Die meisten Landbesitzer Brasiliens leben in den Städten, von hier aus verwalten sie ihre Ländereien. Zweihundert Millionen Rinder weiden auf Brasiliens knapper werdenden Weideflächen und erreichen innert dreier Jahre ihr Schlachtgewicht von vierhundertfünfzig Kilogramm. Thiago Camargo arbeitet daran, die Frist bis zur Schlachtreife auf zwei Jahre zu verkürzen und dabei den Anteil der exportfähigen edlen Teile wie Lendenstück und Entrecôte von fünfzig auf fünfundfünfzig Prozent zu erhöhen.

Eine Herde von hundert jungen Stieren weidet auf einem Stück Land von Thiagos Fazenda, alle ungefähr gleich alt, alle mit einer Angewöhnungszeit von siebzig Tagen, alle mit einer Sequenz ihrer DNA im Computer gespeichert, die Rückschlüsse zulässt auf die Struktur des Fleisches, das Temperament des Tieres und seine Lebenserwartung. Ein Wettbewerb. Alle fressen zweihundertachtzig Tage lang das gleiche Futter, alle bekommen Vitamine und Mineralien zur gleichen Zeit, regelmäßig wird die Gewichtszunahme erfasst, achthundert bis tausend Gramm täglich sollten es sein. Um die klimatische Stressresistenz zu testen, werden Herzschläge gezählt bei kühler und bei heißer Witterung. Die Größe der Hoden, periodisch überwacht, korreliert mit der Fruchtbarkeit der Schwestern. Eine Ultraschalluntersuchung nach sechzehn Monaten gibt Auskunft über Fettanteil und Umfang des Lendenstücks.

Damit nähert sich Thiago Camargo dem Biotyp seines idealen Zuchtbullen: sanft, frühreif, schnellwachsend, zartfleischig. Ein Exemplar, wie es an den Viehmärkten für Hunderttausende von Dollars gehandelt wird, und dessen Nachkommen, im Reagenzglas gezüchtet, von robusten Leihmüttern ausgetragen werden, bei denen das Risiko von Fehlgeburten gering ist.

In Brasilien werden pro Person jährlich siebenunddreißig Kilogramm Fleisch konsumiert. In China sind es erst vier Kilogramm – Thiago Camargo ahnt, dass es ihm in den nächsten Jahren an einem Absatzmarkt nicht fehlen wird. Und dann lädt er zur Grillparty.

Das nächste Ziel ist Belo Horizonte, Hauptstadt von Minas Gerais, rasch wachsendes Zentrum von Brasiliens Exportindustrie, bekannt für eine fleißige Bevölkerung, die jetzt die Armut hinter sich gelassen hat. Im Jahr 2002 wurde Lula da Silva mit dem Versprechen zum Präsidenten gewählt, den Hunger im Land auszurotten. Das Sozialhilfeprogramm, das seine Regierung installierte, soll allen Familien mindestens das Einkommen eines Minimallohnes garantieren. Das Programm enthält keine Anreize, Arbeit zu suchen. Aber jede Kritik am Sozialhilfeprogramm ist kleinlich im Vergleich zu seiner Bedeutung für die gesellschaftliche Integration des Landes. Nach der Aufhebung der Sklaverei hatte die wirtschaftliche Elite des Landes billige Arbeitskräfte aus Europa und Asien geholt und die eigene arme Bevölkerung ihrem Schicksal überlassen; eine gewaltige historische Schuld, und Lula begann, sie abzutragen.

Lulas Wette zahlte sich aus. Anfangs des 21. Jahrhunderts begannen, ausgelöst durch den Hunger Chinas, die Rohstoffpreise zu steigen, innert eines Jahrzehnts vervierfachten sich die Preise für praktisch alle wesentlichen Exportartikel Brasiliens. Aber die Exporte machen bloß ein Fünftel des Bruttoinlandprodukts aus. Dank des staatlichen Umverteilungsprogramms gab es plötzlich auch dreißig Millionen Konsumenten mehr, die dem Binnenmarkt zu einem kräftigen Wachstum verhalfen.

Die internationale Finanzkrise vermochte den Aufschwung nicht zu bremsen. Und als sich Chinas Wachstum verlangsamte und Europa in die Krise schlidderte, senkte Lulas Nachfolgerin Dilma Rousseff die Zinsen und befreite Autos und Kühlschränke von einigen Steuern. Alles, um den Konsum anzukurbeln.

Belo Horizonte zählt 4,3 Millionen Einwohner. Das Shopping Center Cidade in der wuseligen Innenstadt empfängt täglich 75 000 Besucher, nirgendwo im ganzen Land wird mehr verkauft, ungefähr tausend Euro pro Quadratmeter und Monat, viermal mehr als der Durchschnitt.

Hier lerne ich Aparecida kennen, klein und geschäftig, sechsunddreißig Jahre alt, Schuhverkäuferin. Aparecida hat zwei Kinder, Kaliny und Natiele, zwölf- und neunjährig, sie verdient, je nach Geschäftsgang, zwischen 800 und 1000

Reais monatlich, zwischen 370 und 450 Euro. Vom Vater ihrer Kinder bekommt sie 100 Euro monatlich, und damit gehört sie zur neuen Mittelschicht Brasiliens, die zu sechzig Prozent weiblich ist. Sie gehört zur Masse der Konsumenten, welche die Binnenwirtschaft des Landes in Schwung halten. Jeden Morgen steht sie um sechs Uhr auf, bereitet das Mittagessen zu, das die Kinder sich im Mikrowellenofen wärmen werden, um zwanzig nach sieben nimmt sie den Bus, damit sie auch sicher um neun im Geschäft ist. Kommt sie auch nur eine Minute zu spät, schickt der Chef sie nach Hause, ein Tageslohn wird abgezogen. Aparecida ist eine glühende Anhängerin von Ex-Präsident Lula. Wie er ging sie bloß einige Jahre zu Schule, wie er hat sie bereits mit zwölf zu arbeiten begonnen. Und wie ihr Idol benutzt sie gerne das Wort *Autoestima*, Selbstwertgefühl.

Um ihr Selbstwertgefühl zu stärken, hat Aparecida ihre Haare blond gefärbt und ihren Busen vergrößert, 280 Milliliter Silikon je links und rechts. Das Geld dazu, 1400 Euro, war nach der Scheidung übrig geblieben. «Der Körper», sagt sie, «ist das Wichtigste. Wenn ich mich nicht gut fühle in meinem Körper, bin ich auch keine gute Verkäuferin.»

Die Identität der neuen Mittelschicht ist im Körper eingeschrieben, weniger im Pass. 600 000 Schönheitsoperationen jährlich.

Ich besuche Aparecida zu Hause. Sie wohnt mit den Kindern in einer bescheidenen Wohnung im Außenviertel von Contagem, zwei Zimmer, zerschlissene Möbel. Sie hat auch ein Auto gekauft, einen Renault Clio, sechzig Raten zu 458 Reais, Flexmotor. Obwohl sie keinen Führerschein besitzt. Dafür reichte das Geld nicht mehr.

Manchmal, wenn eine unvorhergesehene Ausgabe das Budget sprengt, leiden sie zu Hause Hunger. Und außerdem ist ein Problem aufgetaucht, mit dem Aparecida nicht gerechnet hat. Die brasilianischen Männer.

Hin und wieder, meistens an einem Sonntag, bittet sie einen Bekannten, den neuen Renault Clio auszufahren mit ihr und den Kindern. Aber dann, erzählt sie, will der Kerl auch noch zum Essen eingeladen werden. Weil er denkt, mit einem Auto sei sie eh eine reiche Frau.

«Aber», sagt Aparecida trotzig, «das Auto kann mir niemand mehr nehmen.»

Und dann fragt sie: «Was machst du am Sonntag?»

Ich reise weiter, Aparecida, von Norden nach Süden.

Ein schöner Traum

Minas Gerais, Allgemeine Minen, so genannt, weil man dort nur zu graben brauchte, um auf Eisen, Gold oder Diamanten zu stoßen, das Herzland Brasiliens, sein Magen und seine Seele.

Besessen vom Wunderglauben an ein Eldorado, versessen darauf, ein «neues Peru» zu erobern voller Gold und Silber, organisierten die Portugiesen im 17. Jahrhundert von São Paulo und Rio de Janeiro aus verwegene Expeditionen ins Landesinnere. Sie erreichten die Bergkette des Espinhaço, welche die atlantische Hochebene in nordsüdlicher Richtung teilt, und hier, in der ältesten Gesteinsformation Brasiliens, fanden sie endlich Gold. Im 18. Jahrhundert war das portugiesische Verwaltungsgebiet von Minas Gerais das am dichtesten bevölkerte Brasiliens, und nirgendwo in Amerika wurden so viele Sklaven verbraucht wie in den stickigen Grubengängen von Ouro Preto, so niedrig, dass großgewachsene Arbeitskräfte kastriert wurden, um keinen unbrauchbaren Nachwuchs zu zeugen. Ouro Preto war die Hauptstadt von Minas Gerais, erste urbane Gesellschaft Brasiliens, an die goldenen Zeiten erinnern zwanzig prächtige Barockkirchen und zweitausend Löcher im Berg.

Dutzende von jungen Leuten schlendern über die Kopfsteinpflaster der steilen Gassen und die historischen Plätze, viele mit einem Plastikbecher Bier in der Hand.

Die Jugend vergnügt sich. Die unzähligen Bars rings um die Praça Tiradentes in Ouro Preto sind wesentlich besser besucht als die alten Gotteshäuser mit ihren unzähligen Heiligen, vom «guten Jesus des grünen Zuckerrohrs» bis zum «heiligen Josef der Stiefel», Schutzheiliger der Minenarbeiter. Da muss sich Jefferson dos Santos, genannt Tete, zweiundvierzig, arbeitsloser Metallarbeiter und Hobby-Historiker, schon anstrengen, um seinen Gästen etwas zu bieten.

Anfang des 19. Jahrhunderts versiegten die Minen, 1888 wurde die Sklaverei abgeschafft. Jeffersons Urgroßmutter, eine entlassene Sklavin, ließ sich am Eingang der alten Goldmine von Santa Rita nieder, ein verhexter Ort, der von jedem braven Bürger gemieden wurde. Heute ist Jefferson froh darüber. Er kriecht mit den Besuchern ins enge dunkle Loch der alten Mine, das jetzt zu seinem Besitz gehört. Hier hat er altes Werkzeug deponiert, und bei flackerndem Kerzenlicht wird er selber wieder zum Sklaven. Er hämmert den Meißel in den Felsen, bis den Besuchern der Lärm in den Ohren brennt und sie endlich wissen, wieso die Männer taub und kaum älter als zwanzig wurden. Kindersklaven schleppten den gebrochenen Stein ans Licht, wo die Frauen das Gold wuschen in einer großen Holzschüssel, jeder kann es mal versuchen. Und davon lebt Jefferson heute, nebst einem Job als Nachtwächter, und damit ernährt er seine Familie und ermöglicht seiner fünfzehnjährigen Tochter Yanaina eine gute Ausbildung.

Es gibt wenig Ausländer unter den Besuchern, die meisten Touristen kommen aus dem Süden, São Paulo. Sie wischen sich den Staub vom Leib, und dann fotografieren sie sich vor dem Mineneingang. Als ob die Vergangenheit keine Last mehr wäre.

Mitte des 18. Jahrhunderts bestand ein Drittel der Bewohner von Ouro Preto aus freigelassenen oder freigekauften Sklaven; die brasilianische Sklavenwirtschaft hatte ihre humane Seite. Allerdings konnten die Freigelassenen beim geringsten Vergehen wieder versklavt werden. Das erforderte ein großes Maß an Heuchelei – prägend bis heue für die Beziehung unter den Rassen. Die Brasilianer rühmen sich gern, keinen Rassismus zu kennen. Trotzdem sind nur zwei Prozent der Direktorenposten bei den fünfhundert größten brasilianischen Unternehmen von Schwarzen besetzt, bei einem Anteil von fünfundvierzig Prozent an der Gesamtbevölkerung. Hinter dem neuen Brasilien lauert das alte.

Laut der ersten brasilianischen Volkszählung, durchgeführt im Jahr 1872, arbeiteten 24,3 Prozent aller Sklavinnen im Hausdienst. Hundertachtunddreißig Jahre später, im Jahr 2010, arbeiten laut einer Statistik des Arbeitsamts 23,3 Prozent aller dunkelhäutigen Frauen im Hausdienst. Die durchschnittliche Schulzeit beträgt sieben Jahre. Nur eins von zehn schwarzen Kindern beendet die Oberstufe, bei den weißen ist das Verhältnis eins zu vier.

Die historische Route, über die das Gold von Minas Gerais mit Maultieren an die Küste transportiert wurde, achthundert Tonnen in hundert Jahren, ist heute eine Touristenattraktion, die «Königsstraße».

Fahren über das weite Land. Die Natur ist groß, die Straßen sind schlecht. Die Bergkette des Espinhaço, tausend Kilometer von Nord nach Süd, scheidet das Wasser. Seinen westlichen Abhängen entlang fließt es hinunter in den Rio São Francisco, quert den Staat Bahia, fließt nach 2800 Kilometern, zwischen Alagoas und Sergipe in den Atlantik. Es war der Rio São Francisco, der zu Beginn der Kolonisation den Nordosten des Landes mit den Städten São Paulo und Rio de Janeiro verband und damit die Integration Brasiliens erst ermöglichte. Und jetzt ist die Regierung daran, ein altes Projekt der Militärregierung zu verwirklichen, nämlich einen Teil des Flusswassers abzuzweigen und siebenhundertzwanzig Kilometer nordwärts zu pumpen, um den von Wassernot geplagten Sertão zu bewässern, seit je das Armenhaus des Landes.

Ein biblisches Werk, rühmen seine Erbauer. Größenwahnsinnig, sagen die Kritiker. Ein Beispiel mehr für eine Investition, die nicht der Vernunft folge. Nur der Sehnsucht nach Größe und Bedeutung.

Die Gegend ist grün und hügelig, Weideland, hin und wieder eine Kapelle, Eukalyptusplantagen, die den wachsenden Hunger Chinas nach Zellulose stillen. Unterwegs auf der BR-262, im Südosten des Espinhaço, im Eisernen Viereck der Allgemeinen Minen, zehn Milliarden Tonnen Eisenerz im Boden.

In Barão de Cocais, ehemaliges Goldstädtchen an der Königsstraße, atmet man Eisen. Nachts lodern meterhohe Flammen aus den Kaminen des örtlichen Stahlwerks. Rings um die Fabrik hat sich das neue Zentrum gebildet; die alte Barockkirche liegt abseits. Zwei große Eisenminen liegen in der Nachbarschaft des Städtchens, innert zehn Jahren von 23 000 auf 29 000 Einwohner gewachsen: die Mine von Gongo Socco und die Mine von Brucutu, drittgrößte Eisenmine der Welt, vierundzwanzig Millionen Tonnen Eisen jährlich, per Bahn an die Küste transportiert, von dort nach China.

Das Eisen erlebt goldene Zeiten; innert zehn Jahren hat sich sein Wert vervierfacht. In Barão de Cocais gibt es keine Arbeitslosen mehr, die Schulen wurden renoviert, eine Fakultät eröffnet, hundertsiebenundsechzig Häuser für niedrige Einkommen gebaut. Aber die Kanalisation des Städtchens ist ebenso überfordert wie das Straßensystem. Beunruhigt stellt das Umweltschutzamt der Gemeinde fest, wie durch die vermehrte Minentätigkeit der Grundwasserspiegel sinkt und die Trinkwasserversorgung gefährdet ist.

Im Untergrund von Minas Gerais steckt nicht nur Eisen.

Achtzig Prozent der weltweiten Niob-Reserven werden hier vermutet, ein Schwermetall, mit dem der Stahl veredelt wird. Es hat Bauxit, Mangan, Graphit, es hat Nickel und Magnesium, es hat Titan, und es hat Diamanten. Um die Europäer mit tropischen Früchten zu versorgen, wird im Norden des Staates, am Ufer des São Francisco, das größte Bewässerungsprojekt Lateinamerikas von 20 000 auf 67 000 Hektar ausgebaut. Die Fiatfabrik außerhalb von Belo Horizonte ist größer als das Mutterhaus in Italien.

3,6 Millionen neue Autos haben die Brasilianer im Jahr 2011 gekauft, dank der Steuererleichterungen durch die Regierung eine Steigerung von fünf Prozent gegenüber dem Vorjahr. Nur hat es die Regierung in den letzten Jahren verpasst, das Straßennetz dem Verkehrsaufkommen anzupassen. Mühselig ist die Ausfahrt aus Belo Horizonte, der Verkehr erliegt dem Fortschritt, der Asphalt der Autobahnen krümmt sich unter dem Druck schwerbeladener Lastwagen.

Aber dann, zwei Autostunden später: Inhotim. Eine Landschaft des Friedens. Ein Königsgarten in der brasilianischen Provinz. Das Delirium eines Mannes, fünf Ex-Frauen, sechs Kinder, der groß träumt und bei wachem Bewusstsein: von einem besseren Brasilien.

«Keine gesunde Sache», stöhnt Bernardo Paz aus einem weißen Ledersofa, das Haar weiß und lang, die bloßen Füße auf dem Tisch, ringsum Kunst in allen Farben und Formen. Der Park, in dem seine Villa steht, ist eingebettet in die Natur des atlantischen Regenwaldes, angelegt vom berühmten Gartenarchitekten Burle Marx. Ein botanischer Garten, in dem nebst einheimischer Vegetation fast alle Palmenarten der Welt zu entdecken sind. Dazwischen Kunst, vierhundertfünfzig Installationen und Plastiken der berühmtesten zeitgenössischen Künstler.

Fast programmatisch die Installation des Isländers Ólafur Elíasson: *Viewing machine*. Spielerisch die Welt neu sehen. Eine Installation des Fotografen Miguel Rio Branco. Auf einem Hügel hat Doug Aitken ein zweihundertzwei Meter tiefes Loch gegraben und darüber eine Kuppel gebaut. Wenn man darin steht, hört man die Erde atmen. Ein anderer hat aus großer Höhe riesige Stahlträger auf einen asphaltierten Platz fallen lassen, und da stecken sie nun und ragen in den Himmel.

Man setzt sich und staunt und weiß nicht, ob man auf einer Bank sitzt oder auf Kunst. Es ist egal. Dies ist ein Ort, der den Blick verändert. Alles scheint möglich.

Weltgeist und Menschenträume. Inhotim. Vielleicht ist hier die Seele Brasiliens eingefangen. Großzügig, verschwenderisch bis zur Selbstaufgabe, verliebt bis zum Wahnsinn in alles Schöne, Große und grenzenlos Harmonische, intensiv und wunderbar.

Tom Jobim, Vinícius de Moraes, Chico Buarque und andere haben die Seele Brasiliens in Musik gefasst. Bernardo Paz hat sie in den Urwald von Brumadinho gesetzt. Ein Ort, wo Brasilien zur Besinnung kommt. Auf natürlichste Weise mit der Welt verbunden. Ein Zeichen gegen die nationalistische Begeisterung für einen wirtschaftlichen Aufschwung, der nur gestiegenen Rohstoffpreisen geschuldet sei, keiner eigenen Anstrengung, Mehrwert zu erzeugen.

«Was machen China und Indien?», stöhnt Bernardo Paz, der Gründer von Inhotim, auf seinem Sofa, nur um die Antwort selber zu geben: «Sie investieren in die Bildung, und ihre Universitäten werden schon bald zu den besten gehören. Und was macht Brasilien?», fährt er fort und spuckt die Antwort in die Ecke: «Es ernährt diese beiden Länder.»

Bernardo Paz leidet an Brasilien. «Ich hatte keine glückliche Jugend», sagt er. Er fährt sich durch die weißen Haare, nimmt einen Schluck Wasser. «Ich weiß überhaupt nicht, was Glück ist, und heute bin ich zu alt dafür. Ich saufe zu viel, ich rauche zu viel, ich nehme Antidepressiva, und abends um fünf Uhr sitze ich hier und denke über das Leben nach.»

Seine Villa liegt mitten in seinem Kunstpark, und angefangen hat es damit, dass der Mann seine eigene Seele retten wollte. Aus eigener Kraft hatte er ein Minenimperium aufgebaut mit neuntausend Angestellten, als er, eben noch mit dem chinesischen Präsidenten tafelnd, einen Schlaganfall erlitt. Er war neunundvierzig, zog sich nach Inhotim zurück, richtete sich sein Biotop ein und erfreute sich an seinem Garten und an seiner Kunst. Als er seine Firma für 1,2 Milliarden Dollar an die Chinesen verkauft hatte, begann er, richtig Kunst zu kaufen, und eines Tages sagte er sich: Das ist nicht für mich. Das ist für die Menschheit.

So erzählt Bernardo Paz und zündet sich eine Zigarette an. «Mein Großvater», sagt er, «war ein Leutnant des berühmten Marschalls Rondon, der das Innere des Landes mit Telegraphen erschloss und den Amazonas erkundete. Ich wurde dazu erzogen, groß zu denken. Brasilien zu denken. Die Welt zu denken.»

Wie denken Sie Brasilien?

«Brasilien», seufzt Bernardo Paz, und in seiner knappen Antwort liegt der Schmerz einer ganzen Generation, die ausgezogen war, die Welt mit sanfter Musik, mutiger Architektur und bewegendem Kino zu erobern und sich dann durch eine Militärdiktatur in alten Zwängen gefesselt sah. «Brasilien exportiert immer noch Rohstoffe und immer noch keine Intelligenz.»

Dann wechselt er unvermittelt das Thema, und was er sagt, tönt wie eine Warnung: «Es ist schwierig, sich mit mir zu unterhalten. Ich gefalle den Leuten im ersten Moment. Im zweiten bekommen sie Angst, dann werden sie wütend und schließlich gleichgültig.»

Aber vielleicht ist Bernardo Paz, Multimillionär, Erfinder von Inhotim, bloß so leichtfertig im Umgang mit Geständnissen, weil er jeden Augenblick seines Lebens mit Wahrheit und Intensität füllen möchte.

Macht es Sie nicht wenigstens glücklich, Senhor Paz, ein schönes Kunstwerk zu entdecken?

«Ach», winkt er ab, «ich bin zu faul für pragmatische Sachen. Ich habe meine Experten, die für mich auswählen. Das Kriterium ist einfach. Wenn jemand auf der ganzen Welt bekannt ist, dann ist er ein Genie. Dann kaufe ich, aber nur, wenn es sonst in kein Museum passt. Ich kaufe für die Leute ein, damit sie etwas Einzigartiges sehen. Aber mich macht das nicht glücklich.»

Draußen schmettert eine Singdrossel ihr Lied. Das Schwimmbad, das zur Villa gehört, plätschert leise.

Bernardo Paz beugt sich vor, als müsste er Trost spenden. «Ich weiß nicht, was Glück ist, nicht einmal Freude kenne ich. Der einzige Sinn des Lebens, wenn es einen Sinn haben soll, sind die Menschen. Einige von ihnen sind glücklich damit, andere Leben zu zerstören. Aber man muss ihre guten Seiten verstehen, nicht ihre schlechten. Dann kannst du sie glücklich machen.»

Ist das Ihre Aufgabe, Senhor Paz?

«Deswegen kann ich nicht mehr schlafen. Weil ich daran denke, was die Leute brauchen.»

So hat Inhotim, die reine Seele Brasiliens, auch ihre dunkle und schlaflose Seite. Aber das vergesse ich rasch wieder, draußen in seiner Wunderwelt, diesem wahr gewordenen Traum.

Die Geschichte und einige ihrer Witze

Die Königsstraße, über die die portugiesische Krone das Geld aus Minas Gerais ans Meer brachte, führte ursprünglich nach Paraty, einem versteckten Städtchen zwischen Rio de Janeiro und São Paulo, das, aus Gründen der Sicherheit, auf keiner Seekarte verzeichnet war. Als der Trick nicht mehr funktionierte, wurden neue Wege erstellt, die von den Goldgruben direkt nach Rio de Janeiro führten. Einer davon führte an der heutigen Stadt Petrópolis im bergigen Hinterland von Rio de Janeiro vorbei.

In Petrópolis wurde Brasilien vor sechzig Jahren eine glorreiche Zukunft vorausgesagt. Nicht wenige Leute sind der Meinung, diese Zukunft sei jetzt angebrochen.

1808 war der portugiesische Königshof, auf der Flucht vor Napoleon, nach Brasilien gezogen. Der Königssohn, Pedro I., blieb in Rio de Janeiro und machte aus der Kolonie ein eigenes Königreich. Dazu gehörte, Noblesse oblige, eine Sommerresidenz fern der Hitze und Geschäftigkeit der großen Stadt. Im bergigen Hinterland von Rio de Janeiro ließ sich sein Sohn zwischen 1845 und 1862 einen Palast erstellen. Um schneller den Sommersitz zu erreichen, ließ er eine Eisenbahn bis an den Fuß der Berge bauen, dann ging es mit der Kutsche hinauf in die hügelige Landschaft auf achthundertdreißig Meter über Meer: Petrópolis.

Heute ist aus dem Palast der brasilianischen Kaiser ein Museum geworden. Schulklassen aus dem ganzen Land stehen Schlange. Vor den Statuen, Brunnenanlagen und hundertjährigen Zypressen des Schlossparks fotografieren die Touristen um die Wette. Drinnen, im Speisesaal aus amerikanischem Mahagoni, im Musikzimmer mit dem vergoldeten Spinett, im Schlafzimmer der Prinzessin mit den Rokoko-Möbeln ist das Fotografieren verboten. Die Böden aus schweren Tropenhölzern, aus weißem Carrara-Marmor oder schwarzem aus Belgien dürfen nur mit Filzpantoffeln begangen werden. Hinter dickem Glas liegt die Krone des brasilianischen Kaisers, zwei Kilogramm schwer, mit 639 Brillanten und 77 Perlen geschmückt. Andächtig und beeindruckt bestaunen die Besucher die goldene Feder, mit der die Kronprinzessin Isabel am 13. Mai 1888 die Verfügung zur Abschaffung der Sklaverei unterschrieb – aus diesem Grund, so wissen die Schüler, das goldene Gesetz genannt.

Nach der Aristokratie entdeckten die reichen Bürger von Rio de Janeiro die Annehmlichkeiten eines Landsitzes. Sie bauten ihre Villen und Paläste in der Nähe des Königs. Dann, als die Monarchie abgeschafft wurde, machten ausländische Botschafter und Künstler das Städtchen zu einem Zentrum des intellektuellen Lebens. Saint-Exupéry war zu Besuch, die chilenische Dichterin Gabriela Mistral wohnte hier, in Petrópolis starb der österreichische Dichter Stefan Zweig.

Und die Avenida Koeler, Zeugnis des imperialen Charmes von Petrópolis, gilt heute als eine der schönsten Straßen Amerikas. Sie beginnt bei der Kathedrale und ist nicht länger als dreihundert Meter. Ein Bach fließt in ihrer Mitte, alte Bäume beschatten ihre Pflastersteine. Links und rechts die Stein gewordenen Träume des Bürgertums Ende des 19. Jahrhunderts, strenge Neoklassik, etwas Art déco, ein romantisches Chalet, gepflegte Gärten.

Gleich gegenüber vom Museum befindet sich die Gemeindebibliothek, und auch hier kann man, unter der Führung von Maria Luisa Rocha Melo, einen Ausflug in die Vergangenheit unternehmen. Maria Luisa hütet das Archiv von Petrópolis. An der Wand die Gemälde der Könige, angestrahlt von künstlichem Licht, belüftet von einem Ventilator. Darunter ein muffiges Labyrinth von Gestellen und Ordnern, darin die 900 000 Dokumente, die Zeugnis davon ablegen, wie aus einem europäischen Drama ein tropisches Märchen wurde.

Um seine Sommerresidenz mit etwas arbeitendem Volk zu beleben, erteilte Pedro II. 1843 dem deutschen Baumeister Julius Koeler den Auftrag, eine Stadt zu bauen. Dazu wurden Arbeiter aus Deutschland geholt. Den Auswanderungswilligen wurde ein Land in Aussicht gestellt, so herrlich, «dass das Paradies damit kaum in Vergleich zu bringen» sei. Die Realität war dann aber, wie die Archivarin weiß, ganz anders: «Die Kolonisten», sagt Maria Luisa, «bekamen ein Stück Land und acht Jahre Zeit, um es abzuzahlen. Wer es nicht schaffte, musste Petrópolis wieder verlassen.» Zeitgenössische Chronisten beklagten sich bitter über die Arbeitsbedingungen. «Keine Nahrung, keine Wohnung, kein Weg. Nichts als Urwald, Regengüsse und bitterer Kampf gegen giftiges Gewürm. Hinzu kam noch schlechte Beamtenwirtschaft und der durch und durch verdorbene Charakter des ersten Direktors Koeler, bei dem Betrug, Treulosigkeit und Sittenlosigkeit in schönster Blüte vereint waren.» Der Mann, so berichtete der Chronist, ein Pfarrer, sei von so geiler Natur gewesen, dass keine Frau und kein Mädchen von ihm unberührt geblieben sei. «Und heutzutage noch ist der Name der Frau Welter hochgeehrt, welche den Direktor Koeler ob solch einer Zumutung ergrimmt mit einer kolossalen Ohrfeige zu Boden streckte.» Etwas später setzte eine Kugel, von unbekannter Hand abgefeuert, dem Leben des aufdringlichen Städtebauers ein Ende.

Die Prachtstraße von Petrópolis hieß zuerst Dom Afonso,

benannt nach dem ersten, früh verstorbenen Sohn von Pedro I. Zur Avenida Koeler wurde sie erst, nachdem die Könige in Ungnade gefallen waren – also nachdem die Prinzregentin Isabel mit ihrer goldenen Feder den Erlass zur Abschaffung der Sklaverei unterschrieben hatte. Die erbosten Großgrundbesitzer, die bis dahin die Monarchie verteidigt hatten, unterstützten fortan die Republikaner. Die brasilianische Königsfamilie wurde abgesetzt und musste Brasilien verlassen.

1936 kam Stefan Zweig, damals einer der meistgelesenen Autoren Europas, zum ersten Mal nach Brasilien, begleitet von seiner zweiten Frau, Lotte Altmann. 1940 bekam das Paar, auf der Flucht vor Hitler, eine Aufenthaltsbewilligung. Die Zweigs beschlossen, nach Petrópolis zu ziehen. «Alles ist perfekt hier», lobte Lotte, «eine schöne Landschaft, wir sind auf den Bergen oben, dreitausend Fuß über Meer, und trotzdem ist das Tropische überall spürbar, Orangenbäume, Bananen- und Bambusstauden.» Und ihr Mann Stefan schrieb: «Selten in meinem Leben habe ich einen angenehmeren Ort gesehen, ruhig, eine geschmackvolle Stadt … Das kleine Bungalow mit seiner großen Terrasse hat eine wunderbare Sicht in die Berge, und gleich gegenüber hat es ein kleines Kaffeehaus, das ‹Café Elegante›, wo ich für ein paar Groschen einen wunderbaren Kaffee bekomme.» Aus Begeisterung über ein Land, in dem keine Rassenkonflikte sichtbar waren, und aus Dankbarkeit, Schutz und Sicherheit gefunden zu haben, schrieb Zweig das Buch *Brasilien – Land der Zukunft*.

Petrópolis hat sich über unzählige Hügel ausgebreitet und zählt heute 350 000 Einwohner; keine Pferdekutsche wagt sich in den dichten Verkehr auf den engen Straßen außerhalb des Zentrums. Man muss schon ein Taxi nehmen, um Zweigs

Wohnhaus zu finden. Das Café Elegante ist ein Ramschladen geworden. Das Wohnhaus mit der ausladenden Terrasse, wo Stefan Zweig einen großen Teil der *Schachnovelle* schrieb, wurde von seinem Biographen und einer Gruppe von Freunden gekauft und mit finanzieller Hilfe aus Österreich und Deutschland in den Originalzustand zurückversetzt.

Alberto Dines war achtjährig, als Zweig im Jahr 1940 seine Schule besuchte, die Jiddische-Brazilianer Folkschule Scholem Aleichem in Rio de Janeiro. Als Alberto zwölf war, schenkten ihm die Eltern die Gesammelten Werke Zweigs. Dines wurde Filmer und Journalist, 1980 schrieb er Zweigs Biografie, *Tod im Paradies*. «Zweig war es», sagt Dines, «der Brasilien auf der großen Weltkarte einen Namen gab: Land der Zukunft.» Das Ehepaar lebte in Petrópolis zurückgezogen, und das hatte auch damit zu tun, dass Zweigs Lobeslied auf das Land, das ihm Exil gewährte, nicht überall gern gehört wurde. Der Autor hatte sich, wie Dines erzählt, kaum darüber Rechenschaft abgelegt, dass Brasilien von einer Diktatur beherrscht wurde. Die Intellektuellen des Landes verhöhnten das Werk als Propagandaschrift und Auftragswerk der Regierung.

Die Zweigs wussten wenig von ihrem Gastland, erfreuten sich an Folkloristischem. «Alles ist hier wie vor zweihundert Jahren, und das gibt allem einen eigenen Reiz, die Leute pflegen ihr Familienleben und sind glücklich, wenn sie ein Dutzend Kinder haben, auch wenn sie nicht wissen, wie sie sie ernähren sollen; Gott wird schon helfen.»

Zweig saß oft in der Bücherei, der Bibliothekar war sein einziger Freund. Maria Luisa, die Archivarin, hat den Eintrag im Gästebuch rasch zur Hand, geschrieben auf Deutsch am 18. November 1941: «Dankbar für die reiche und so gastfreundliche Bibliothek von Petrópolis. Stefan Zweig.»

Die Bücher vermochten die Depressionen des Vertriebenen nicht zu lindern. «Ehe ich aus freiem Willen und mit klaren Sinnen aus dem Leben scheide», schrieb Zweig am 22. Februar 1942, «drängt es mich, eine letzte Pflicht zu erfüllen: diesem wundervollen Lande Brasilien zu danken, das mir und meiner Arbeit so gute und gastliche Rast gegeben.» Als Nachlass vermachte er seine Bücher der Bibliothek von Petrópolis, «die mir so nützlich war und die ihre Liebe zu den Büchern bewies».

Eine lange Treppe führt zu Zweigs ehemaligem Wohnhaus hinauf, das jetzt zum Museum geworden ist. Im Zimmer, in dem sich Stefan Zweig und Lotte Altmann umbrachten, steht eine einfache Holzbank, an der Wand der handgeschriebene Abschiedsbrief.

Im Wohnzimmer läuft ein Videofilm über Zweigs Aufenthalt in Petrópolis. Sonst schmückt wenig mehr als sein letztes Gedicht den Raum.

«Linder schwebt der Stunden Reigen / Über schon ergrautem Haar …»

An der Avenida Koeler 376 hat ein Kaffeebaron eine Villa gebaut, aus der später ein Hotel wurde, das Solar do Império. Der Salon mit seinen Wandgemälden und hohen Fenstern ist jetzt ein Restaurant, und hier speist es sich elegant wie zu kaiserlichen Zeiten. Hier kehre ich ein, um bei einer Flasche Wein den Verrücktheiten der Geschichte nachzuschmecken.

Der portugiesische König, der deutsche Einwanderer nach Brasilien lockte, um dem Land eine Zukunft aus Fleiß und Arbeit zu bauen. Der deutsche Baumeister, der in Petrópolis seine eigene kleine Herrschaft einrichtete. Das Städtchen, das die Erinnerung an die Sklavenbefreier auslöschte und seine Prachtstraße stattdessen nach dem deutschen Sklaventreiber benannte. Ein Anfänger in Brasilien, der nichts vom

Land verstand, aber sofort seinen Traum erfasste: Land der Zukunft. Dessen Biograph, dem kein Aufwand zu viel war, um dem Schriftsteller, der dem Land ein Ziel vor Augen setzte, ein Museum zu erstellen. Das Museum, das leer steht, weil keine staatliche Institution das Projekt unterstützen will. Ein Land, das die Zukunft nicht länger vor sich haben will.

«Wir sind nicht länger das Land der Zukunft» verkündete im Mai 2012 Brasiliens größte Bank mit Namen Itaú in einer zweiseitigen Anzeige, «wir sind das Land der Gegenwart. Jetzt stehen wir in Mittelpunkt.»

Die Politik der allseitigen Umarmung, die Präsident Lula während seiner Amtszeit zwischen 2003 und 2010 zur Kunst entwickelte, führte, begünstigt von steigenden Rohstoffpreisen, zur Schaffung von fünfzehn Millionen neuen Jobs. Achtundzwanzig Millionen Menschen verloren den Status der absoluten Armut, vierzig Millionen Menschen wurden Teil einer konsumfreudigen unteren Mittelklasse. Der Taktschlag der Regenwaldzerstörung wurde verlangsamt, auf der ganzen Welt wurde Präsident Lula da Silva als Superstar gefeiert. Im eigenen Land wurde der ehemalige Metallarbeiter und Gewerkschaftsführer so populär, dass er, ohne Rücksicht auf die eigene Partei, eine Nachfolgerin bestimmen konnte, die vom Volk quasi unbesehen gewählt wurde, Dilma Rousseff. Anfangs 2012 konnte ihre Regierung stolz verkünden, Brasilien habe Großbritannien als sechstgrößte Volkswirtschaft der Welt abgelöst und sei damit endgültig zu einem Global Player geworden.

Aber das jährliche Pro-Kopf-Einkommen in Großbritannien beträgt 43 700 Dollar. In Brasilien sind es 8300 Dollar. Im Jahr 2011 gab die Bundesregierung ungefähr 6,6 Milliarden Dollar aus, um dreizehn Millionen arme Familien vor dem Hunger zu bewahren. Gleichzeitig zahlte sie hundertzwei Milliarden an Zinsleistungen aus – an all die Investoren, die es sich leisten können, Staatstitel zu kaufen.

Lula, Vater der Armen, Freund der Reichen. «Ein Traum, der alleine geträumt wird», so dichtete der brasilianische Rockmusiker und Anarchist Raul Seixas, «ist nichts anderes als ein Traum, der alleine geträumt wird. Ein Traum, der von vielen geträumt wird, ist die Realität.»

Lula hatte die Macht, einen Traum Realität werden zu lassen, der von vielen Brasilianern geträumt wurde. Der Traum von einem besseren Brasilien. Als Oppositioneller bezeichnete er die korrupte Elite des Landes als Diebe und Gauner. Als er an der Macht war, bediente er sich der Methoden derer, welche über Jahrhunderte die staatlichen Institutionen als Instrument ihrer privaten Interessen benutzt hatten. Den Freunden alles, den Feinden das Gesetz.

Lula da Silva, neu zum Präsidenten gewählt, fehlte die parlamentarische Mehrheit, um seine Anliegen durchzusetzen. Einige seiner Kritiker sind überzeugt, dass Lula mit dem Druck der Straße, mit der Macht eines gemeinsamen Traumes das Land grundlegend hätte verändern können. Lulas Regierung zog es vor, sich mit den traditionellen Herren des Landes zu verbünden. Dazu kaufte sie, mit Geld aus der Staatskasse, die Stimmen oppositioneller Parlamentarier – der *Mensalão*. Der größte Skandal während Lulas Regierungszeit. Dafür wurden einige prominente Parteimitglieder zu langen Gefängnisstrafen verurteilt.

Lula gefiel sich in einem nationalistischen Populismus, mit seinen patriotischen Beschwörungen den Militärs näher als einem linken Internationalismus. Für grüne Anliegen hatte er nicht viel übrig. Aus der Sicht des ehemaligen Metallarbeiters bremsten die Proteste gegen Stahlwerke, milliardenteure Elektrizitätswerke im Urwald und neue Atomkraftwerke den Aufstieg zur Weltmacht. Bei Bedarf und zur Beruhigung der eigenen Basis würzte er die Rhetorik mit ein bisschen Antiimperialismus und Antiamerikanismus – das Rezept war erfolgreich. 2009, anlässlich eines G-20-Gipfels in London, adelte der US-Präsident den brasilianischen Kollegen: «Here's my man. I love this guy. Er ist der populärste Politiker der Welt.»

Die Brasilianer übersetzten «my man» mit «o cara», das umgangssprachlich auch so gebraucht wird: «He, Mann!» *A cara* ist auch das Wort für «das Gesicht», und genau das ist Lula: das Gesicht Brasiliens. Das Gesicht dieser großen Mehrheit, die das Leben auf der Straße erlernte und auf keiner Universität.

Charmant, verführerisch, schlau bis zur Unverschämtheit, fähig, in jede Rolle zu schlüpfen, hungrig nach Anerkennung, immer bereit, einen Vorteil zu erkennen, nie bereit, einen Irrtum zuzugeben, voller großer Träume, die hin und wieder mit einem hart erarbeiteten Sinn für die Realität in Konflikt geraten. Das Gesicht Brasiliens.

Luiz Inácio Lula da Silva hat Unglaubliches vollbracht, vom Kind landloser Eltern, vom Metallarbeiter zum verehrten Präsidenten. Brasilien ist mit ihm ein anderes Land geworden. Und hat sich trotzdem nicht verändert. Das Business, das der globalisierten Wirtschaft angeschlossen ist, macht so effiziente Geschäfte wie eh und je, das politische System ist so rückständig und korrupt wie immer. *O Custo Brasil*, der Nachteil, der dem Gewerbe durch hohe Steuern, Bürokratie, mangelhafte Infrastruktur entsteht, hat sich nicht verringert. Die Versuchung, sich einen Vorteil zu erpressen statt zu erarbeiten, ist noch größer geworden.

Die Armen haben keinen Hunger mehr. Dafür haben sie

Schulden. Und sind zufrieden. Präsidentin Dilma Rousseff genießt, trotz stockenden Wachstums und obwohl in der Rangliste der größten Volkswirtschaften Großbritannien Brasilien wieder überholt hat, höchste Umfragewerte.

Steilpass in Brasília

«Der Ort», so schrieb die Schriftstellerin Clarice Lispector über ihre neue Hauptstadt, «wo ich meine Verbrechen (nicht die schlimmsten, nur jene, welche ich selber nicht verstehe), wo ich meine Verbrechen nicht aus Liebe beginge.»

Der Ort, wo Brasilien seine Sehnsucht nach Größe und Harmonie in Beton fasste. Der Ort, wo Verbrechen aus Eitelkeit, Blindheit und Arroganz geschehen.

Nach dem Zweiten Weltkrieg erlebte Brasilien eine wirtschaftliche und kulturelle Blütezeit. Der Bossa Nova eroberte die Welt, brasilianische Filmemacher, Schriftsteller und Architekten überraschten die westliche Avantgarde mit schwungvoller, unbekannter Leichtigkeit. Das Land brachte die Welt zum Träumen, und Präsident Juscelino Kubitschek beschloss, dem Höhenflug ein Symbol zu setzen: Brasília, eine neue Hauptstadt im unerschlossenen Innern des Landes, tausend Kilometer vom Meer entfernt. Gott schuf das Universum in sieben Tagen, Brasilien aber stampfte in zehn Jahren eine neue Hauptstadt aus dem Boden. «Es war klar», schrieb Präsident Kubitschek in seinen Erinnerungen, «dass die Metropole sich von allen andern unterscheiden sollte, dass sie die Realität der Gegenwart ignorieren und sich ganz der Zukunft hinwenden musste.»

Und so landete eine Stadt in Form eines Flugzeugs in einer menschenleeren Hochebene Brasiliens, entworfen vom Architekten Lúcio Costa. Oscar Niemeyer zeichnete die Bauten mit dem Platz der drei Gewalten am Ende einer achtzehn Kilometer langen Monumentalachse, die Gebäude von Justiz, Abgeordnetenkammer und Regierung, demokratisch getrennt, doch harmonisch vereint. Brasília war «die Stadt der Zukunft und der Hoffnung», die allein durch die Ausgewogenheit ihrer Formen das Zusammenleben der Menschen beschwingen, die sozialen Unterschiede eindämmen sollte, Ausdruck des nationalen Stolzes, Beweis eines kühnen Optimismus. Der utopische Entwurf wurde rasch von der Realität eingeholt. Die Wohnungen der sozialistischen Architekten waren unerschwinglich für die Arbeiter, die sie gebaut hatten, und in den Satellitenstädten rings um Brasília nistete sich das Chaos ein, das die Planer vertrieben zu haben glaubten. Vier Jahre nach der Gründung Brasílias nahmen die Militärs, ohne sich um demokratische Harmonien zu kümmern, den Platz der drei Gewalten in Beschlag; der Militärputsch beendete auch den kulturellen Aufbruch. Architekt Oscar Niemeyer floh ins Exil nach Paris. 1987, zwei Jahre nach dem Ende der Militärdiktatur, wurde Brasília von der Unesco zum Weltkulturerbe erklärt.

Jetzt regiert hier Präsidentin Dilma Rousseff, die während der Militärdiktatur gefoltert worden war. Von den Schuldigen kam keiner je ins Gefängnis. José Sarney ist immer noch Senator. Der Großgrundbesitzer unterstützte die Militärregierung als Mitglied eines Scheinparlaments. Von ihm sagte Lula, als er noch in der Opposition war, er sei der größte Dieb im Land. Aber als Lula an die Macht kam, band er Sarney in die Regierungskoalition ein. Im Senat sitzt auch wieder Fernando Collor de Mello, der 1990 mit dem Versprechen, in Brasília aufzuräumen, zum Präsidenten gewählt worden war. Zwei Jahre später wurde er aus dem Amt gejagt, weil die Korruption groteske Ausmaße angenommen hatte.

Brasília, ein Ort außerhalb von Raum und Zeit, für viele Bewohner des Landes so etwas wie die Rückseite des Mondes. Hierher kommen die Politiker unter der Woche, um für das Wohl des Landes zu sorgen und manchmal auch für das eigene. Hier, weit entfernt von der Realität ihrer Wähler, berauschen sie sich an der Macht und befeuern neue Träume der Größe und Bedeutung.

«Unsere Stunde ist gekommen!», sagte Lula da Silva, als er sich im März 2010 in Paris für die Olympia-Kandidatur von Rio de Janeiro in die Bresche warf. «Die Olympischen Spiele dürfen nicht das Monopol der reichen Länder bleiben.» Lula erinnerte daran, dass Brasilien zu den stärksten Wirtschaftsnationen der Welt aufgestiegen sei. «Brasilien befindet sich in einer exzellenten Situation. Wir haben die Krise bewältigt, unter der andere Länder leiden. Die Tore Brasiliens sind offen. Für unsere Vision der Zukunft brauchen wir Unterstützung. Die Olympischen Spiele werden unvergesslich sein, bewegt von der Leidenschaft des brasilianischen Volkes.» Und als Rio de Janeiro dann mit sechsundsechzig zu zweiunddreißig Stimmen gegen Madrid gewann und den Zuschlag für die Durchführung der Spiele 2016 erhielt, brach Brasiliens Präsident in Tränen aus. «Jetzt merken die Menschen, dass es außer Europa, außer den reichen asiatischen Ländern, außer Nordamerika noch andere Kontinente gibt. Jetzt merken die Menschen, dass auch in anderen Regionen der Welt wichtige Dinge passieren.»

2014 Fußball-Weltmeisterschaft, 2016 Olympische Spiele: der Sport als Plattform für das wiedergefundene Selbstbewusstsein.

Lúcio Costa, der Planer Brasílias, hat den Fernsehturm auf den höchsten Punkt der Stadt gesetzt, und von seiner Terrasse aus, fünfundsiebzig Meter über dem Boden, sieht man die ganze Monumentalachse der Hauptstadt, vom Busbahnhof bis zum Regierungsgebäude. Noch immer wirkt die Stadt schön, fremd und überdimensioniert wie die Ruinen einer untergegangenen Kultur. In Wahrheit erstickt sie im Mittagsverkehr wie jede andere auch.

In der Mitte der denkmalgeschützten Prachtstraße erhebt sich das neue WM-Stadion Brasílias für 72 000 Zuschauer, ein Tempel, dessen Dach von zweihundertachtundachtzig Betonsäulen gestützt wird. Darunter ein Kessel, der fast so steil ist wie der Zuschauerraum eines Opernhauses, und keine einzige Strebe verhindert den Blick aufs Spielgeschehen. Brasílias Erbauer Oscar Niemeyer wurde berühmt als der Mann, der den Beton zum Tanzen brachte. Im neuen Nationalstadion, von deutschen Architekten entworfen, geht das Tänzchen weiter.

Wenigstens bis zu den Weltmeisterschaften. Aber dann? Das Lokalderby zwischen Brasiliense Futebol Clube und Sociedade Esportiva do Gama hat noch nie mehr als zehntausend Zuschauer angelockt. Der Journalist und Blogger José Cruz hat ausgerechnet, dass das neue Stadion mit Kosten von über fünfhundert Millionen Euro zu einer der teuersten Sportstätten der Welt werde. Er bemängelt Korruption, zweifach ausgestellte Rechnungen, Überfakturierung. «Wenn man wissen will, wer von den sportlichen Großanlässen profitiert, dann muss man nur sehen, wer die Wahlkampagnen der Parteien bezahlt. Das sind die großen Bauunternehmen. Die Politiker zahlen ihnen den Einsatz zurück. Uns Bürgern und Steuerzahlern bleibt nichts als ein schöner teurer weißer Elefant, ein Produkt des Größenwahns unserer Politiker.»

Ich treffe José Cruz im Abgeordnetenhaus. Hier arbeitet er als Berater von Romário, einem ehemaligen Fußballstar, der zum Abgeordneten gewählt wurde. Ein halbes Dutzend Personen arbeiten in einem engen Saal, die Pulte sind überfüllt.

Im Fernsehen wird gerade ein Spiel der brasilianischen Nationalmannschaft übertragen.

Aber, behaupte ich, die Welt kommt zu Besuch nach Brasilien, das Land will sich im besten Licht zeigen, und die Menschen freuen sich auf etwas Abwechslung.

José Cruz, bleich und hager, antwortet rasch. «Aber wenn das Fest vorbei ist, bleiben die wirklichen Probleme ungelöst. Der Abfall wird nicht weggeräumt, auf den Gesundheitsposten hat es weder Personal noch Medikamente, in Brasília zählen wir täglich drei bewaffnete Überfälle. Und was passiert», fragt José Cruz, und der Pessimismus treibt ihm die Falten noch tiefer ins Gesicht, «was passiert, wenn Brasilien nicht Weltmeister wird?»

Das, gebe ich zu, habe ich mir auch schon überlegt.

Fußball ist die Bibel der Analphabeten. Wer sie zu lesen versteht, findet immer etwas Trost und Unterweisung. Das Maracanã-Stadion, Schwarz-Weiß gegen Rot-Schwarz, Flamengo gegen Vasco, 150 000 Zuschauer. Ich stand auf dem billigsten aller Plätze im größten Fußballstadion der Welt, ein Stehplatz im Graben am Rasenrand, mit Blick auf Höhe der Spielerwaden. Schlachtgesänge stiegen wie Gebete zum Himmel. Von dort regnete es Pappdeckel und Feuerzeuge. Neben mir ein Fan in Rot-Schwarz, mit der Nummer von Zico, seinem Star, auf dem Rücken, der Wuchs zu kurz geraten, um den Helden mit eigenen Augen spielen zu sehen. Er drückte mit der linken Hand einen Transistorradio ans Ohr, ebenso mit der rechten, beidseitig malträtierte ihm eine Reporterstimme das Gehör, und derart in Beschlag genommen, ohne auch nur eine Sekunde Zeit für jedes andere Bedürfnis, pisste er auf den Boden. Freihändig.

Das Maracanã-Stadion, einst für 200 000 Menschen erstellt, wird für die Weltmeisterschaften umgebaut, 80 000

Sitzplätze, alle überdacht. Die alten *Cariocas* fürchten, dass mit der Modernisierung des Stadions der Charme des Volkvergnügens verloren gehe. Jenes mit Bier, Schweiß, Tränen und weiteren Flüssigkeiten in den alten Zement gebrannte Bewusstsein, dass die Essenz der brasilianischen Seele nirgends schärfer zum Ausdruck komme als auf einem Fußballplatz. Wo sich die Hochkultur mit den Träumen des einfachen Volks verbindet und jeder eine Heimat hat.

Aber diese Heimat hat Brüche, und das liegt nicht an den neuen Stadien. Eines der Geheimnisse, wieso Brasilien trotz Brasília funktioniert, ist die Kunst der Improvisation. In Brasília gibt es neununddreißig Ministerien, und sie alle produzieren täglich neue Regeln, Dekrete und Gesetze, um die in die brasilianische Flagge eingeschriebenen Vorgaben zu verwirklichen: «Ordnung und Fortschritt». Die Improvisation ist die Kunst, zwischen lebensfremder Bürokratie und Chaos zu lavieren, ohne dass jemand das Gesicht verliert. Improvisation ist auch die Kunst der brasilianischen Fußballer. Mit unglaublichen Tricks und Finten entwinden sie sich der gegnerischen Umklammerung und befreien sich spielend leicht aus dem Schlamassel, in das sie sich selber gebracht haben.

Futebol-Arte nennen sie es, im Gegensatz zum europäischen Fußball, der von taktischer Disziplin geprägt ist. Ein gelungenes Dribbling wird so heftig beklatscht wie ein erfolgreicher Torschuss. Der *Malandro*, der erfolgreiche Dribbler, der überraschende Finten schlägt, der die gegnerischen Verteidigungen lähmt mit dem Gift seiner tödlichen Pässe, ist der Held des Publikums. *Malandro* bedeutet Schuft und Schurke – oder aber Schelm und Schlitzohr, je nach Ausschlag der Sympathie. Er ist der Ritter, der mit einem einzigen Streich das Volk erlöst. Er macht vor, wie man sich auf eleganteste Art durchs Leben mogelt, ohne dass es nach Arbeit aussieht.

Aber wenn seine Mannschaft verliert, pfeifen ihn die Zuschauer gnadenlos aus. Der Zauber des aristokratischen Selbstverständnisses, das nicht nur ihren Fußball, sondern die ganze Gesellschaft bestimmt, verliert seine Kraft. Die fröhliche Leichtigkeit der furchtlosen Ritter offenbart sich als eine Verkleidung, hinter der die Anzeichen einer Depression sichtbar werden. Das Land hat die Formel noch nicht gefunden, um das bewunderte Ideal des Dribbelkönigs in ein modernes, auf Effizienz und Resultate ausgerichtetes System zu integrieren.

Brasiliens Sportminister, der die Verträge zur Durchführung der Fußball-WM mit der Fifa unterschrieb, ist kurz nach dem Akt zurückgetreten. Wie bekannt wurde, hat er die Programme zur Förderung des Sports zur Finanzierung der eigenen Partei benutzt. Organisationen, die vom Staat Millionen bekamen, um das Schachspiel zu fördern oder die Kunst des Taekwondo, mussten jeweils zwanzig Prozent davon zurückgeben. Die Übergabe fand oft in Tiefgaragen statt, und der Minister selber nahm das Geld in Empfang, um damit die Parteikasse zu alimentieren.

Der Minister gehörte der Kommunistischen Partei Brasiliens an. Während der Militärdiktatur hatte sie zum bewaffneten Kampf gerufen. Unter Lula da Silva trat sie in die breite Regierungskoalition ein, die dem Präsidenten und seiner Nachfolgerin Dilma Rousseff im Parlament die Mehrheiten verschafft. Dort stimmten die Kommunisten zusammen mit den Soja-Baronen für eine Aufweichung des Forstgesetzes, das der Abholzung des Amazonas einen Riegel vorschieben sollte.

Am Honigtopf der Macht wird man schnell zum *Ma-*

landro. Nur entlarvt sich diese Dribbelkunst, nicht anders als bei den Fußballern, im internationalen Wettbewerb rasch als hölzerne Schauspielerei. Auch hierfür lieferte das Theater um die WM-Durchführung bestes Anschauungsmaterial.

Wie nicht anders zu erwarten, verzögerte sich, nicht nur in Brasília, der Bau der neuen Fußballstadien. Das Land ist groß, die Entscheidungswege verschlungen, die Verantwortlichkeiten verworren. Und da wurde der Generalsekretär der Fifa, Jérôme Valcke, der mit Improvisationen wenig am Hut hat, nervös. Die Arbeiten für die Fußball-WM gingen nicht vorwärts, klagte er, und Brasilien brauche einen «Tritt in den Hintern».

Ganz offensichtlich wusste Valcke nicht, dass der Kontakt mit einem brasilianischen Amt mehr diplomatisches Geschick erfordert als die Annäherung an ein unentdecktes Indianervolk am Amazonas, und dass die Formeln der gegenseitigen Ehrerbietung und Unterwerfungsbezeugungen so komplex sind wie bei einem Rudel von Löwenäffchen.

Ein Tritt in den Hintern. Das offizielle Brasilien brauchte eine Zeit, um sich von diesem Tiefschlag zu erholen. Dann aber trat der neue Sportminister vor die Mikrophone. Der Kommentar sei ungehörig, unangebracht, und das gewählte Vokabular sei unpassend. Im gravitätischen Ton der höheren Diplomatie erklärte der Minister die Beleidigung als inakzeptabel, man werde, sagte er, ohne je dessen Namen zu nennen, den Generalsekretär «in dieser Sache» nicht mehr als Verhandlungspartner akzeptieren.

Marco Aurélio Garcia, einer der einflussreichsten Politiker von Brasiliens Arbeiterpartei, Regierungsberater für internationale Angelegenheiten, schimpfte den «Typen» der Fifa schneidend als «Vagabunden». *Vagabundos* ist die Bezeichnung, welche die Aristokratie für die Mehrheit der armen, schwarzen Bevölkerung erfand: Nichtsnutze. Es war interessant zu sehen, mit welcher Selbstverständlichkeit die Linken jetzt deren Vokabular benutzte; Gewerkschaftler und Marxisten eröffneten in Brasília ihre eigenen Fürstentümer.

Valcke entschuldigte sich umgehend und erklärte, man habe ihn unpräzise übersetzt, auf Französisch bedeute «se donner un coup de pied aux fesses» nichts anderes als «den Rhythmus beschleunigen».

Selbstverständlich blieb Generalsekretär Valcke Gesprächspartner der brasilianischen Regierung. Und auf dem Bildschirm des Fernsehens im Kabinett des Abgeordneten Romário schießt Italien jetzt den Ausgleich gegen die brasilianische Nationalmannschaft.

José Cruz, Kritiker der megalomanen Sportprojekte seiner Regierung, schließt die Augen. «Verschwendung», schimpft er.

Aber das neue Stadion in Brasília, sage ich, hat ein verschließbares Dach, und damit werden Shows und Konzerte das kulturelle Leben der Stadt befruchten.

«Ja», antwortet José Cruz. «Wer's glaubt, wird selig.»

Die Stadt der Frauen

Seit 2010 wird Brasilien von einer Frau regiert. Viele Leute sind der Ansicht, die Präsidentin Dilma Rousseff sei nichts als ein Geschöpf des Ex-Präsidenten Lula, vom populären Politiker zur Platzhalterin bestimmt, damit er sich in vier Jahren wieder wählen lassen könne.

Ich habe einen anderen Verdacht. Ich vermute, dass Lula, als er eine Frau als seine Nachfolgerin inthronisierte, nichts anderes tat, als der Weiblichkeit ihren verdienten Tribut zu entrichten.

Schon als die Portugiesen das Land entdeckten, korrumpierte der Anblick der nackten Indianerinnen den Kampfgeist so mancher Schiffsbesatzung. Die neuen Herren des Landes verfielen dem Reiz ihrer afrikanischen Sklavinnen; im Gegensatz zu den spanischen Kolonisatoren akzeptierten sie auch die gemeinsamen Kinder. Von Anfang an gingen Macht und Ohnmacht eine enge Symbiose ein. Von Anfang an waren die Eroberer aus dem kargen Portugal überfordert vom Angebot an Reichtum und Schönheit, nicht weniger von der Freiheit der Wahl. Sie setzten Kinder in die Welt, die von den Frauen aufgezogen wurden. Und daran hat sich bis heute nicht viel geändert. Den Männern die Lust, den Frauen die Verantwortung. Es sind die Frauen und ihre Kraft, sich zu organisieren, die das Land im Innersten zusammenhalten. Sie sind die Königinnen im Herzen der Clans, mit denen sich die Brasilianer viel mehr identifizieren als mit jedem staatlichen Gebilde. Es sind familiäre, regionale und wirtschaftliche Interessengruppen, die sich um Macht und Einfluss streiten. Sie geben sich den Namen von Parteien, aber ein ernsthaftes

Parteiprogramm hat kaum eine. Sie wollen den Glanz des Ruhms für ihre Königin und einen Anteil des Kuchens für sich. Mit einer Frau als Präsidentin ist Brasilien endlich bei sich angekommen.

Die Männer von Rio de Janeiro sind sehr herzliche Wesen, sie umarmen sich und schwatzen stundenlang, bei der ersten Begegnung nennen sie sich «Mein Lieber» und «Mein großer Freund», und beim Abschied drücken sie einander so fest, dass die Tränen fließen.

Rio de Janeiro ist eine weibliche Stadt. Im wohlhabenden Teil Rios kommen auf hundert Frauen fünfundsiebzig Männer, im Durchschnitt der ganzen Stadt achtundachtzig. Die Statistik sagt auch, dass die Frauen zwölf Jahre länger leben als die Männer.

Es sind die *Cariocas*, die Frauen von Rio de Janeiro, welche die Stadt prägen – um nicht zu sagen: beherrschen. Sie beherrschen sie wohl, aber zumeist gegen ihren eigenen Willen, weil sie nämlich viel lieber etwas anderes machen würden. Zum Beispiel eine Haarwurzelbehandlung mit Schokolade und Pfefferminz oder Englisch lernen oder vielleicht auch ein Buch schreiben. Aber stattdessen müssen sie zum Rechten sehen, weil es nämlich die Männer einfach nicht packen. Die Frauen schon, und sie tun es charmant und zuvorkommend, so dass es ein Vergnügen ist, in dieser Stadt zu wohnen. Zum guten Ton gehören schon bei der ersten Begegnung kleine Berührungen. Im Bäckerladen, im Kiosk, im Supermarkt schwirren zu Begrüßung und Abschied die süßesten Koseworte in der Luft, Weiblein und Männlein gleichermaßen zugedacht. Es herrscht das Grundgefühl einer permanenten Liebelei. Verschiedene Akteure wie Taxifahrer, Polizisten und Straßenräuber versuchen diesem Eindruck einer friedlichen Romanze entgegenzuwirken, und obwohl sie sich dabei sehr anstrengen, gelingt es ihnen nicht wirklich. Die Frauen sind in der Überzahl, und die Inseln der Weiblichkeit sind stark und zahlreich.

Es ist nicht so, dass das Patriarchat in den letzten Zügen läge. Aber Brasilien war schon immer weit weg von Königshaus und Vatikan, und es ist auch während der Kolonisation nicht gelungen, alle Töchter Portugals, alle indianischen Kriegerinnen, alle Sklavinnen aus Afrika zu domestizieren. Wohl steckten die frommen Väter ihre Töchter ins Kloster. Aber dort gingen, wie nicht wenige Reisende berichten, nachts die franziskanischen Brüder ein und aus. Wohl lobte die Kirche die Tugend der vorehelichen Keuschheit und Jungfräulichkeit. Aber in der Zeit der Vizekönige wurden, quer durch alle Gesellschaftsschichten, bis zu vierzig Prozent der Kinder unehelich geboren.

Von 1763 bis 1960 war Rio de Janeiro die Hauptstadt Brasiliens, und der Verlust dieses Privilegs, der Auszug der politischen Macht nach Brasília, war ein empfindlicher Schlag für die Stadt. Rio blieb die Stadt der Medien, der Musik und der Mode, und das waren exakt jene Felder, welche die *Cariocas* in Beschlag nahmen. Ihre Eitelkeit machte Rio zur neuen Hauptstadt der Schönheitsindustrie. Die überdurchschnittliche Zahl von Brustoperationen und Hautstraffungen belegt, dass sie vor keiner unlauteren Methode zurückschrecken, um sich einen kleinen Vorteil zu verschaffen.

Aber beginnen wir von vorn, bei Edit und Ines. Edit kam 1971 aus einer Gegend, wo es nur Busch und Trockenheit gibt, nach Rio. Sie fand einen Mann und die Stelle als Hausangestellte bei Ines. Ines war die Tochter von italienischen Einwanderern, sie hat vier Kinder, arbeitete als Stenotypistin in der Verwaltung; ihr Mann war Pilot. Er starb, kaum hatte Edit ihre Arbeit als Kindermädchen aufgenommen, bei einem Motorradunfall. Edits eigener Mann wurde drei Jahre später in der Favela ermordet, in der sie ihr Heim aufgebaut hatten. Gemeinsam zogen die beiden Frauen dann ihre Kinder auf, die Reiche und die Arme, die Weiße und die Schwarze, und jetzt bilden sie eine schwesterliche und verschworene Gemeinschaft, welche die sieben Enkelkinder in Schach hält, sechs von Ines, eins von Edit.

Ines wohnt im Stadtteil von Lagoa an einer Straße mit dem Namen «Brunnen der Sehnsucht», von ihrer Wohnung im sechsten Stock hat man einen Blick über den See, die Wohntürme, die grünen Hügel, über diese ganze geheimnisvolle Landschaft mit ihren wunderbaren Rundungen.

Ines und Edit sitzen am Tisch, mal spricht die eine, mal die andere, und längst haben sich die Rollen von Herrin und Magd verwischt. Edits Tochter wuchs in dieser Wohnung auf, wie die Kinder von Ines besuchte sie die Mittelschule, und als sie sich kürzlich scheiden ließ, blieb auch ihr Kind bei den beiden Großmüttern. Und nur in einem sind die beiden trotz vielfältigen Anstrengungen gescheitert: Edit das Lesen beizubringen.

«Ich kenne jeden einzelnen Buchstaben», versichert Edit, «aber ich kann sie einfach nicht zusammensetzen.»

«Dafür kann sie Gedanken lesen», rühmt Ines. «Sie liest meine Gedanken, und ich lese ihre Gedanken.»

«Soll ich einen Kaffee machen?», fragt Edit, dreiundsechzig.

«Siehst du», sagt Ines, dreiundachtzig, «daran habe ich auch eben gedacht.»

«Und sie kann gut rechnen», fügt Ines hinzu, «hat sich schon ein Haus gebaut mit ihrem Geld, und dort wird sie leben, wenn ich nicht mehr bin.»

Aber die Männer?, frage ich, als der Kaffee auf dem Tisch steht, und die beiden Frauen sehen sich an.

«Unverantwortlich», sagt Ines, «die Mehrheit davon ist nichts wert.»

«Schurken», sagt Edit. «Sie kommen, nützen dich aus und verschwinden wieder.»

Ines: «Die Frauen arbeiten immer mehr. Wenn beide berufstätig sind, macht die Frau auch noch den Haushalt.»

Edit: «Aber viele Frauen sind auch blöd. Ertragen alles, nur um nicht selber ihr Geld verdienen zu müssen.»

Ines: «Frauen in armen Verhältnissen haben es schwer. Aber grundsätzlich ist es so, dass die Männer befehlen. Und die Frauen machen, was sie wollen.»

Und ihr selber?, will ich wissen.

«Ich bin glücklich», sagt Edit.

«Als ich meinen Mann verlor», sagt Ines, «war ich über vierzig und dachte, ich sei zu alt für einen neuen Mann. Heute weiß ich, dass ich mich täuschte.»

Und für einen Moment mischt sich an der Straße zum Brunnen der Sehnsucht in den Duft des Kaffees jener eines wehmütigen Bedauerns.

Dann, als Edit die Tassen wegbringt, flüstert Ines: «Manchmal, wenn ich mich über etwas beschwere, murrt sie in der Küche herum.»

Später, als Ines ausruht, flüstert Edit: «Ich schlafe jetzt in der Nacht bei ihr im Zimmer, man weiß ja nie, in ihrem Alter.»

Vier von zehn Haushalten in Rio de Janeiro werden von Frauen regiert, von Frauen wie Cristina, ein herzliches Lachen, löchrige Zähne. Cristina ist einundvierzig, sie lebt in der Favela, und ihre Geschichte ist so karg und einfach wie ein Teller mit Reis und Bohnen. Der Vater starb, als sie acht war. Mit dreizehn hat sie zu arbeiten begonnen, als Kindermädchen. Mit einundzwanzig das erste Kind. Als sie entdeckte, dass er Drogen nahm, warf sie ihren Mann zur Hütte hinaus.

«Ich nahm mir einen anderen, einen Verheirateten, mit dem hatte ich drei Kinder. Dauernd versprach er, sich von seiner Frau zu trennen, aber als ich sah, dass er immer wieder log, trennte ich mich von ihm. Das fünfte Kind kam mit Down-Syndrom auf die Welt. Der Vater akzeptierte das Kind, aber er trank und verspielte das Geld, und da warf ich ihn raus. Darauf hat er sich, wie die andern auch, nie mehr um sein Kind gekümmert.»

Hat er dich geschlagen?

«Nein, mich hat keiner geschlagen, ich habe sie geschlagen.»

Womit?

«Mit den Schlappen. Bis der Arm schmerzte. Auch den Vater des Sechsten, den am meisten. Es war wieder der Erste. Das ist das Einzige, was diese Kanaillen verstehen, einen mit süßen Worten rumzukriegen. Er schwor, dass er mit den Drogen aufgehört habe, aber es war noch schlimmer geworden, und so bündelte ich seine Kleider und warf sie vor die Tür.»

Und jetzt, hast du einen Neuen?

Cristina zeigt ihre löchrigen Zähne. «Aber klar. Ich bin doch nicht aus Holz gemacht.»

Geschichten, so karg wie ein Teller mit Reis und Bohnen, serviert mit einem Lächeln, ohne Groll und Bitterkeit. Geschichten, die sich überall in der Stadt wiederholen.

Leni Azeredo begann mit dreizehn Jahren, ihren Freundinnen die Nägel zu machen. Sie hatte einfach ein Geschick dafür. Heute ist sie vierzig und hat das Patent auf eine selbst entwickelte Technik, die Hände mit künstlichen Fingernägeln aus Fiberglas zu verschönern, und in ihrem Salon in

Ipanema, dem Stadtteil der Schönen und Reichen, rennen ihr Madames und Models die Tür ein. Achtzig Prozent der Gespräche, verrät Leni, drehen sich um Männer. Dass sie selten etwas taugen und verheiratet sind und anderen Weibern hinterherschauen.

Gemäß einer großen Umfrage über das Leben der Frauen in Brasilien geben bloß sieben Prozent der Frauen an, ihren Männern je untreu gewesen zu sein. Siebzig Prozent der Männer in einer festen Beziehung aber haben ihre Frau im Verdacht, sie schon einmal betrogen zu haben.

Die Frauen aber kennen ihre Pappenheimer, trösten sich auf ihren Inseln der Weiblichkeit, und manchmal bleiben sie auch dort. Wie Leni Azeredo, die sich nur noch ihrem Geschäft mit den künstlichen Fingernägeln widmet und die Wohnung mit zwei Freundinnen teilt. Für die Männer, sagt sie, ist es schwierig zu verstehen, dass es schöne Frauen gibt, die auch erfolgreich und klug sind. «Weder tausche noch verkaufe noch verschenke ich / den Frieden in meinem Herzen für einen Liebesschwur / Wer meine Zärtlichkeit will / muss zuerst seine Liebe beweisen.» Diesen Samba singt Teresa Cristina in den Bars von Rios Vergnügungsvierteln. Teresa Cristina ist zart und schmächtig, und man sieht ihr nicht an, dass ihre Stimme voll von Rost und Honig ist. Teresa Cristina ist die Stimme von Rio, und alle Frauen fühlen mit ihr, wenn sie singt: «Traurigkeit ohne eine neue Illusion bringt nichts / Und man muss die Lektion des Lebens begreifen / dass der Schmerz kommt und geht / wie die Welle im Meer.»

Das Lied entstand nach einer Trennung, sagt sie, es ist ein Lied darüber, dass man sich nach einer Enttäuschung wieder hochrappeln muss. Den Männern fällt es leichter. Sie haben Kraft und ein leichtes Herz. Die Frauen leiden. Aber auch sie haben ihre Waffen.

Welche sind das?

«Intelligenz und Bosheit.»

Teresa Cristina sitzt auf der Veranda ihrer Managerin in einer abgeschirmten Siedlung außerhalb des Zentrums, sie trägt wie immer ein langes Kleid, mit dem sie sich abheben will vom Bild der immerfröhlichen, halbnackten, sambatanzenden Mulattin.

Gerade, erzählt sie, trat sie in New Delhi auf, in Indien. Und die Zuschauer fragten, wie zuvor in Saudi-Arabien und in Berlin: Wo bleiben die Mädchen mit ihren kreisenden Becken, fliegenden Brüsten? Die Fremden, sagt sie, haben ein falsches Bild von den Frauen von Rio. Sie sehen nur die Schönheit. Sie sehen nicht, wie die Frauen kämpfen, um ihr Leben zu bewältigen.

Und trotzdem meistens ein Lächeln übrighaben, werfe ich ein.

«Sanftmut», nickt sie, «ist eine wichtige Eigenschaft in einer Gesellschaft voller Gewalt.»

Viele europäische Frauen sind durch den Kampf gegen die Benachteiligungen verschlossen und bitter geworden. Hier in Rio ist der Kampf ungleich härter, aber die Frauen scheinen zufriedener zu sein. Was, Teresa Cristina, ist das Geheimnis der Frauen von Rio?

Die Sängerin denkt nach. «Es gibt Frauen, die sind wahre medizinische Labors, so abhängig sind sie von ihrem Aussehen. Es gibt neidische und eifersüchtige Frauen, bösartige Feindinnen. Aber jede, die in den Spiegel schaut, möchte darin eine glückliche Frau sehen. Und nicht einen besseren Mann.»

Das Wunder aber besteht darin, dass die Brasilianerinnen, wenn sie in den Spiegel schauen, meistens auch eine glückliche Frau sehen. In einer repräsentativen Umfrage zu Beginn der Nullerjahre gaben neunundsiebzig Prozent der Frauen an, mit ihrem Sexualleben zufrieden zu sein, einundsechzig Prozent zeigten sich gar sehr zufrieden. Die Autorinnen der Studie, überrascht vom allgemeinen, für moderne Gesellschaften unüblichen Jubel, fragten sich, ob die befragten Frauen einfach nur das Selbstbild eines sinnlichen Volkes bestätigten, das besser im Bett sein will als bei der Arbeit, oder ob sie vielleicht, was die Qualität des Vergnügens anbelangt, keine hohen Ansprüche geltend machten.

Um diese Fragen zu klären, wende ich mich an Lan, mit vollem Namen Lanfranco Aldo Ricardo Vaselli Cortellini Rossi Rossini. Lan ist über achtzig, er ist Zeichner, und nicht wenige Leute behaupten, er sei es, der die Mulattin erfunden habe, und nicht die Portugiesen. Für zwei Sambaschulen hat er schon die Kostüme entworfen, eine hat ihn selber zum Thema gemacht. Seit Jahrzehnten sind die Frauen von Rio sein Sujet: die Mulattin als Monument, ihr Hintern als nationale Institution. Lan wurde mit zweieinhalb Jahren von Mutters Brust entwöhnt, mit vier bekam er ein dunkelhäutiges Dienstmädchen mit dem Namen Zézé, und diese Angaben, versichert er, erklären seine Passion hinlänglich.

Jedenfalls, stellt er klar, sind nie die Männer dafür verantwortlich, wenn die Frauen zufrieden sind im Bett. Sie selber, die Frauen allein, sind das Motiv des männlichen Erfolgs. Ganz besonders die *Cariocas*.

Lan hat weiße Haare, er hört nicht mehr gut und ist etwas zittrig auf den Beinen, aber jetzt leuchten seine Augen: diese Zärtlichkeit. Diese wunderbare Mischung, schön und intelligent, weiß und schwarz und indianisch. Diese Farbtöne der Haut – «Aber gut», unterbricht er sich, «sprechen wir von Gefühlen. Sprechen wir von der Liebe. Sprechen wir von den Französinnen. Die Französinnen charmieren wunderbar, sie sind unschlagbar im Charmieren. Aber, kommen wir auf den Punkt, sie charmieren noch in der Stunde des Orgasmus. Die *Cariocas* aber schreien Tooor!, und wenn dabei das ganze Haus aufwacht.»

Wie beschreibst du die Frauen von Rio?

«Sanfte Kriegerinnen, die den Machismo demoralisiert haben. Sie sind einfach wacher als die Männer, gleichzeitig an zehn verschiedene Kanäle angeschlossen, und sie sind frei. Und das hat mit dem Samba zu tun, mit der Musik, Rio ist Musik, und die Mädchen haben diese Harmonie im Blut, den Rhythmus, die Art zu gehen, und das macht sie süß und frei und begehrenswert.»

Haben die Männer Angst vor den Frauen?

«Natürlich», lacht der Zeichner, «wenn das Spiel eng wird, haben die immer ein paar gemeine Tricks auf Lager. Und wenn sie dich erst mal haben, ist es schrecklich. Schau mich an. Ich komme nicht aus dem Haus, bevor ich nicht nach einem Flecken abgesucht wurde. Und meine Frau findet immer einen Flecken, und dann muss ich das Hemd wechseln. Es ist wunderbar.»

Psychologen deuten die Fixierung der brasilianischen Männer auf den Hintern, den die Frauen in Rio so stolz spazierenführen, als Angst vor der Vagina dentata, als Angst vor der kastrierenden Macht des Matriarchats, und sie erblicken in der daraus resultierenden sexuellen Vorliebe einen weiteren Beweis dafür, dass die Männer lieber nur herumspielen als Verantwortung zu übernehmen.

In der Stadt der Frauen aber sind die Schwulen Könige, und so besuche ich in der Hoffnung, mehr über den komplexen Zusammenhang von mütterlicher Macht und Männlichkeit zu erfahren, das Zentrum des Karnevals, wo sich die Sambaschulen für Rios berühmtestes Fest schön machen.

Die meisten Dramaturgen dieser Orgie an Farbe, Form und Fröhlichkeit, hochbezahlte Künstler, sind bekennende Homosexuelle; Cid Carvalho ist einer von ihnen.

Cid Carvalho trägt ein glitzerndes Leibchen mit der Aufschrift «Hot Strip». In einer riesigen Halle arbeiten Dutzende von Frauen und Männern an gewaltigen Skulpturen aus Pappmaché.

«Rio de Janeiro», sagt er, «ist ein Lebensgefühl, weiblich geprägt, aber im Widerstand gegen mächtige patriarchale Strukturen. Nach wie vor werden Frauen unterdrückt, Schwule verfolgt. Aber der Karneval ist eine große Hilfe gegen den Männlichkeitswahn. Selbst die größten Machos stecken sich eine Feder in den Arsch und tanzen auf der Straße. Das macht sie das Jahr über toleranter.»

Aber all diese Männer, werfe ich ein, über die sich die Frauen beklagen, all diese Männer, die untreu sind und keine Verantwortung übernehmen, die wurden auch von einer Mutter erzogen. Sind die kleinen Macker denn derart verwöhnt und verzogen, dass sie nicht erwachsen werden wollen?

«Eine gute Frage», sagt Cid Carvalho, und dann läutet sein Handy, und er erklärt jemandem, dass er ganz bestimmt nicht auf die Straße gehen werde, um irgendetwas zu suchen.

«Eine gute Frage», wiederholt er dann, «ich werde sie mir mal überlegen. Aber jetzt, mein Lieber, fehlen noch wenige Wochen zum Karneval, und das ist die Zeit, in der die Stadt ihre TPM hat, und alle sind sehr gespannt und aufgeregt und haben keine Zeit.»

TPM bedeutet PMS auf Deutsch, prämenstruelles Syndrom, und in Rio de Janeiro weiß jedes Kind, was eine TPM ist und dass es besser ist, sich währenddessen zu verziehen.

Kaum waren die Eroberer in Brasilien an Land gegangen,

stolperten sie über Fleisch. So schrieb Gilberto Freyre, und er bezog sich auf die Frauen der Eingeborenen, nackt und schmachtend. Spätere Reisende beschrieben die schamlosen Tänze der Mulattinnen, Engländer wunderten sich über die spärliche Bekleidung der Hausfrauen, die bei der geringsten Bewegung Haut und Brust sichtbar werden ließ. Seit je eilt Rio de Janeiro der Ruf erotischer Freizügigkeit voraus; der Markt der Illusionen verteilt sich heute auf einige Bars und eine Reihe von Bordellen – ein Disneyland der käuflichen Liebe, Kunden aus aller Welt und Mädchen von unerträglicher Schönheit, in jeder Größe und Preislage. Aber es ist ein Markt, bei dem es, wie die Studie einer Anthropologin sagt, auch um Liebe geht. Nicht wenige Kunden verlieben sich in die Schönheit und Sanftmut eines der Mädchen, dessen Tätigkeit die Studie hauptsächlich der wirtschaftlichen Not zuschreibt. Das ist das wahre Geheimnis der Frauen von Rio de Janeiro: Es gelingt ihnen, die Männer glauben zu machen, dass sie auch ein großes Herz haben.

Auch die Mädchen verlieben sich hin und wieder, selbst wenn sie sich, wie sie der Wissenschaftlerin gestanden, nicht allzu große Illusionen machen und eine allfällige Heirat nichts als ein erster Schritt ist, das Land zu verlassen und anderswo ein besseres Leben zu beginnen.

Feiner Umgang, rauhe Realität

Für Touristen ist Rio de Janeiro eine schöne, verführerische und etwas eingebildete Prinzessin, die immerzu gerühmt werden will. Das macht den Besuch manchmal auch etwas anstrengend. Zum Beispiel, wenn man am Flughafen eine Stunde auf ein Taxi wartet. Wenn man im Stau steht. Oder wenn es regnet. Dann bricht innert Minuten der Verkehr zusammen, die Keller laufen voll, und man fragt sich, wieso niemand fähig ist, eine anständige Kanalisation zu erstellen. Aber es regnet nie lange, dann lächelt die Sonne wieder, und die Prinzessin tut, als sei ihr das Kapriziöse völlig fremd.

Die Stadt hat ihre Macken, und einige davon sind recht grausam. Das merkt man aber erst, wenn man hier lebt, und auch erst nach einigen seltsamen Erfahrungen. Denn es gibt niemanden, der einem die Spielregeln und geheimen Codes dieser Stadt erklärt. Wahrscheinlich, weil sich niemand gern bewusst macht, wie sehr immer noch das Muster von Standesbewusstsein und Klassendünkel ihre Abläufe prägt.

Im Brasilianischen wird, wie im Berndeutschen, für die Ansprache «Sie» das «Ihr» verwendet, und mit diesem *Você* sprechen sich Leute an, die sich gleichgestellt wähnen. Das «Du» wird nur im engsten Familienkreis gebraucht. Sonst aber dient es auch dazu, scharf einen sozialen Abstand zu markieren. So wie das meine Vermieterin tat, als ich mich beschwerte, weil sie mir Malerarbeiten am Gebäude in Rechnung stellte. Meine Vermieterin ist eine freundliche, etwas komplizierte Dame der hiesigen oberen Mittelschicht, beschäftigt mit der Pflege ihres traditionellen Namens und der Verwaltung des ererbten Besitzes. Plötzlich lernte ich die nette Frau, die mich großzügig immer als Senhor behandelt hatte, von einer anderen Seite kennen. «Gringo», fuhr sie mich an, mit einer Schärfe, die jahrzehntelange Übung verriet, das Personal auf seinen Platz zu verweisen, «du bist hier nicht in Europa. Das ist Brasilien, und du musst lernen, wie die Dinge hier funktionieren.»

Aber ich hatte mich informiert und wusste, wie die Dinge auch hier funktionieren, wenn alles rechtens zugeht, und als ihr das klar wurde, war meine Vermieterin plötzlich wieder die freundliche und liebenswürdige Dame der oberen Mittelschicht.

Respektpersonen werden, wie vor zweihundert Jahren die Edelknappen am bayrischen Königshof, in der dritten Person Singular angeredet: Hat der Herr schon gefrühstückt? Neben dem «Senhor» gibt es noch eine andere Formel des Respekts, die, meistens in Verbindung mit dem Vornamen, für verdiente Angehörige der arbeitenden Klasse bestimmt ist: «Seu Jorge». Während die Bewohner Rios blind erkennen, ob jemand ein «Senhor» ist oder bloß ein «Seu», brachte ich die Dinge anfangs durcheinander. Bald merkte ich, dass es nicht gut ist, seinen Arzt mit Seu Pedro anzusprechen. Andererseits verletzte Anderson, mein bevorzugter Taxifahrer, das demokratische Selbstverständnis eines Schweizers, weil er mich mit «Senhor» ansprach, während ich das verbindende *Você* verwendete. Nach der Fahrt in ein Viertel, das von den meisten anderen Taxifahrern gemieden wird, nutzte ich den Moment des gemeinsam überstandenen Abenteuers, um dem Gefährten die Hand zu schütteln, die Freundschaft zu beschwören und ihn zu bitten, mich nie mehr mit Senhor anzureden.

Als er mich das nächste Mal sah, winkte Andersen und rief erfreut: «Doutor.»

Ich musste noch einiges über die komplexen Regeln des Zusammenlebens in Rio lernen, bis mir klar war, dass es für den Taxifahrer einfacher ist, die Rolle des Untergeordneten zu spielen als eine Verantwortung einzugehen für etwas, dessen Konsequenzen er nicht abschätzen kann. So bleibt er verschont von Verpflichtungen, die ihm ein neuer Freund abpressen könnte, und er braucht auch kein schlechtes Gewissen zu haben, wenn sich die Gelegenheit ergibt, den Doutor beim Fahrpreis übers Ohr zu hauen.

Meine Freundin Rosy wohnte in São Paulo, und wenn sie mich besuchte, gingen wir in ein Restaurant an der Copacabana essen. Die Copacabana war in den fünfziger Jahren des vergangenen Jahrhunderts das bevorzugte Viertel der Regierungsbeamten, jetzt ist das Viertel überaltert, und in den Restaurants verkehrt ein konservatives Publikum.

Trotzdem hätte ich nie gedacht, dass es je notwendig sein würde, in dieser Stadt das Thema der Hautfarbe anzusprechen. Rosy ist schwarz, und es war offenbar dieser Umstand, der dazu führte, dass uns ganze Salven von bösen und verächtlichen Blicken trafen. Mehr jedenfalls, als in vergleichbarer Situation in der biedersten europäischen Provinzstadt.

Rosy steckte, so schien es, all die Blicke mit königlicher Gleichmut weg. «Reg dich nicht auf», sagte sie. «Die denken halt, du seist ein Tourist und ich eine Hure.»

Unterdessen vermute ich, dass gewisse Phänomene nicht unbedingt mit bloßem Rassismus zu tun haben. Vielmehr damit, dass die Leute in diesen mittelständischen Vierteln an ihren Vorurteilen ebenso hängen wie an ihren Hündchen und an ihren Dienstmädchen, und von den Umständen des Lebens in den Favelas der Stadt wollen sie so wenig wissen wie von irgendeinem Volk in der Mongolei oder in der Wüste Kalahari. Nur wenn sich jemand von dort in ihre Mitte drängt, funktioniert der Reflex der Abwehr, und er funktioniert bösartiger gegenüber den eigenen Aufsteigern als gegenüber jedem Ausländer, der Geld hat und sich ein Plätzchen sucht an der Wärme der wirtschaftlichen Aussichten. Aber alles ist noch schwieriger und komplexer, weil auch die Bewohner in den Hütten der Armen gefangen sind in ihren Zwängen und Vorurteilen

Das alles erfuhr ich dank meinem Freund Daia, und zwar beim Versuch, die sozialen Schranken der Stadt auf eigene Faust zu durchbrechen. Der Versuch scheiterte kläglich.

Rocinha, 100 000 Einwohner auf einem Quadratkilometer, ist die größte Favela von Rio de Janeiro. Sie liegt in der Nähe der reichen Wohnviertel, und das machte den Hügel attraktiv für die drei Drogenbanden, die sich im Kampf um die besten Verkaufsplätze jahrzehntelang immer wieder blutige Gefechte lieferten.

Dreihundertsiebzig Treppenstufen führen den Hügel hinauf mit seiner abenteuerlichen Architektur, und ich habe sie schon recht oft benützt, an Abfallbergen vorbei mit dicken Ratten, durch Gassen, die so eng sind, dass man keinen Regenschirm aufspannen kann. Einmal schrieb ich einen Bericht über die Karnevalstruppe der Favela, einmal interviewte ich einen Berufskiller der Drogenmafia. Unter dem Bett bewahrte er eine russische AK-47 auf und ein deutsches Sturmgewehr G3, und ich erinnere mich, dass der Mann in Sorge war, weil sein kleiner Sohn immer mit den Waffen spielen wollte. Er ist halt stolz auf seinen Papa, tröstete sich der Profimörder, und das waren nicht die Zeit und der Ort, um irgendwelchen Widerspruch anzubringen. Zu all diesen Kontakten verhalf mir mein Freund Daia, ein Leader seiner Gemeinde, von allen respektiert. Bei den einfachen Leuten in der Favela, die meisten aus dem Nordosten gekommen, fielen alle aristokratischen Feinheiten des Umgangs weg, und auch deswegen kam ich gern zu Besuch und hörte Daias Geschichten zu.

Mit sieben hatte er begonnen, Geld zu verdienen, indem er den Frauen, die auf den Markt gingen, die Einkäufe nach Hause schleppte. Von seinen damals dreißig Schulkameraden war zwanzig Jahre später noch die Hälfte am Leben. Die andere starb im Drogenkrieg. Daia hatte sich schon in einer ganzen Reihe von Tätigkeiten bewährt, er war Viehhirte gewesen, Fallschirmspringer, Koch und Computerverkäufer. Als ich ihn kennenlernte, arbeitete er in einem Supermarkt und packte für einen Mindestlohn von umgerechnet 250 Euro Fleisch ab. Ich lud ihn ein, für etwas mehr Lohn mit mir zu arbeiten.

Viele Tätigkeiten gibt es nicht, die ein Journalist auslagern kann. Aber Daia kochte gut und wusste viele Geschichten zu erzählen. An einem scheußlichen Regentag erzählte er mir die Geschichte der Herrscher von Rocinha, die seit seiner Geburt den Hügel regierten.

Der erste hieß Denis, er kam Anfang der achtziger Jahre an die Macht und regierte fast zwanzig Jahre lang. Denis führte die Ethik des Verbrechens ein, und das bedeutete, dass kein Bewohner je die Polizei rufen durfte. Der Herrscher sorgte für Gerechtigkeit. Einem Dieb wurde der Finger abgeschnitten, wer seine Frau schlug, bekam Prügel, ein Verräter wurde «in den Mikrowellenofen gesteckt». Das bedeutete, dass er in einem Stapel Autoreifen verbrannt wurde.

Als Denis ins Gefängnis kam, setzte er seinen Nachfolger ein, Erardo, ein gelernter Räuber, der in guter Erinnerung blieb dank der wohltätigen Unterstützung von Kinderkrippen und Volksfesten. Erardo wehrte einen Putsch ab von Dudu, Dudu war ein Killer, und er verachtete Erardo, den

Räuber. Er suchte Verbündete in einer benachbarten Favela und übernahm die Macht nach einem Krieg, der zwanzig Tote forderte. Der Killer Dudu herrschte ein Jahr, und das war das schlimmste Jahr in der Geschichte der Favela. Dudu respektierte die Ethik des Verbrechens nicht, er vergewaltigte die Töchter der Bewohner, löschte ganze Familien aus, und seine Schreckensherrschaft führte dazu, dass er von den eigenen Leuten an die Polizei verraten und danach verhaftet wurde. Das Geschäft lief erst wieder gut, als 1999 Lulu den Hügel übernahm, Luciano Barbosa da Silva mit vollem Namen, ein verständiger Bandit, der den beiden Polizeiposten täglich tausend Dollar überwies, damit sie sich aus Dingen heraushielten, die sie nichts angingen. Er unterstützte die Karnevalstruppe, stiftete einen Pokal für das Fußballturnier, und an den Samstagen führte er Konzerte durch mit den bekanntesten Musikgruppen Brasiliens. Das war die beste Tarnung, um den Kunden ihren Stoff zu verkaufen: Kokain, in Säckchen zu 1,50, 2,50 und 5 Euro. Wenn am helllichten Tag ein Feuerwerk losging auf dem Hügel oben, dann wusste jeder, dass aus Bolivien eine neue Lieferung angekommen war, Rocinha wurde zum größten Drogenumschlagplatz von Rio.

2002 starb Denis im Gefängnis, und vor seinem Tod hatte er Dudu, dem Killer, die Hälfte des Drogenhandels von Rocinha versprochen, als Anerkennung für geleistete Dienste. Aber als Dudu nach zehn Jahren Gefängnis freigelassen wurde, war Lulu nicht bereit, die Macht zu teilen. Dudu sammelte seine Leute in der Nachbarfavela. Am Karfreitag 2004, Punkt zehn Uhr nachts, gingen in Rocinha die Lichter aus, Dudu drang mit vierzig seiner Soldaten, verteilt auf sechs gestohlene Wagen, über die einzige befahrbare Straße in die Favela ein. Von einem benachbarten Hügel aus nahmen seine Männer Lulus Hauptquartier mitten in Rocinha unter

Dauerbeschuss. Am zweiten Tag drang die Polizei ein, 1200 Mann stark, erschoss Lulu, der sich bereits ergeben hatte, führte den Banditen in einem Handkarren durch die Favela, die Offiziere strecken ihre Waffen in die Höhe und schrien den Bewohnern Rocinhas zu: «Da habt ihr ihn, euren Chef.» Lulus Stellvertreter sammelten dreihundert Drogensoldaten, und am dritten Tag gelang es ihnen, Dudu, den Killer, zu vertreiben.

Danach übernahm Nem den Hügel, und mit ihm hatte ich ganz am Rande auch einmal zu tun. Nem hatte eine Tochter mit einer schweren Knochenkrankheit. Er hatte sich von Lulu 300 000 Euro für die medizinische Behandlung der Tochter geliehen. Um das Geld zurückzuzahlen, hatte er begonnen, für Lulu Drogen zu verkaufen. So hatte er sich das Vertrauen der Bosse gewonnen, und als Lulu von der Polizei umgebracht wurde, übernahm Nem die Macht auf dem steilen Hügel, der in der Nacht über der Stadt funkelt wie ein Sternenzelt.

Das alles erzählte mir mein Freund Daia, Bewohner von Rocinha, den ich als Assistenten angestellt hatte, weil ich fand, er sei als Metzgergeselle unterfordert. Aber unsere Zusammenarbeit, so stellte sich heraus, war nicht unproblematisch.

Manchmal brauchte ich eine kleine Auskunft. «Daia», fragte ich ihn, «wie komme ich am besten ins Kloster São Bento?» Oder: «Wie komme ich am schnellsten zur Nationalbibliothek?» Ich erhielt eine detaillierte Auskunft mit Alternativen wie die Benützung der Metro und zusätzliche Angaben wie die strategisch günstige Nähe zu einer Bar oder Bäckerei. Aber jedes Mal stand ich danach irgendwo im Schilf, nicht gerade buchstäblich, aber doch so weit vom Ziel entfernt, dass ich jeden Termin verpasste.

Bis ich merkte, dass mein Freund keine Ahnung hatte, wo das Kloster lag oder die Nationalbibliothek. Wie hätte er es auch wissen sollen? Andererseits ließ sein Stolz es nicht zu, die Wissenslücke zu gestehen, woraufhin eindringliche Gespräche folgten. Ich sagte ihm, dass wir Journalisten das einzigartige Privileg hätten, nichts wissen zu müssen und alles erfragen zu dürfen.

Die Predigten waren nicht wirklich erfolgreich, und um unserer Zusammenarbeit trotzdem einen Sinn und Zweck zu geben, beschlossen wir, das Archiv auszubauen. Fortan gab ich jedem Zeitungsartikel, der irgendeinen künftigen Nutzen versprach, ein Ordnungswort. Mein Freund und Assistent sollte die Berichte dann ausschneiden und im entsprechenden Mäppchen ablegen.

Geübt darin, die Ressourcen sparsam zu verwalten, legte er die Berichte vorerst auf einen Stapel, um sie dann später in einem einzigen Schwung in den ihnen zugedachten Ordnern zu platzieren. Eine Weile später bat ich ihn, das Altpapier wegzubringen. Mit ihm verschwand dann auch alles sorgsam beschriftete Archivmaterial.

Wirklich befremdend aber fand ich, dass Daia, ein Mann, der weiß Gott nicht auf den Mund gefallen ist, sich kaum in der Lage fühlte, irgendein Ministerium anzurufen und dort einen Termin zu vereinbaren. Erst mit der Zeit verstand ich seine Hemmungen. Für meinen Freund, straßenschlau wie kein anderer, waren Amtsstellen potentielle Feinde, und weil ihm jede Übung im Umgang mit ihnen fehlte, war er überzeugt, von jeder Telefonistin sofort als Favela-Bewohner identifiziert zu werden. Was prompt auch zutraf.

So wurde ich gewahr, wie tief in Brasilien der Graben reicht zwischen den sozialen Klassen, eine unsichtbare Apartheid, die fest in den Köpfen verankert ist. Und es wurde mir bewusst, dass sich fehlende Schulbildung durch dic größte Gewitztheit nicht ausgleichen lässt – die Fähigkeit, strukturell zu denken, ohne Überlegung, ob einem das Ergebnis nützt oder schadet. Dabei verfügte der Mann über Talente und Fähigkeiten, auf die ich allerdings viel zu selten zurückgreifen konnte. Es kostete ihn keine Mühe, mir den Kontakt zu einem Straßenräuber oder zu einem Berufskiller zu verschaffen, aber darauf ließ sich langfristig keine seriöse journalistische Existenz aufbauen. Es war auch immer anstrengend, wenn mir etwas für den täglichen Gebrauch fehlte. Mein Freund ließ es nicht zu, dass ich mir einen Kochtopf oder eine Tischlampe im nächsten Supermarkt kaufte; viel zu teuer, urteilte er. Wir verbrachten Stunden in überfüllten Autobussen, um das Gesuchte im Ramschladen eines Chinesen in irgendeinem Vorort für die Hälfte des Preises zu erstehen. Normalerweise ging das Ding auch schon bald wieder kaputt. Aber Daia war glücklich, auf diese Weise seine Anstellung zu rechtfertigen, so dass ich ihm schlecht Vorwürfe machen konnte. Vielmehr verlegte ich mich darauf, meine Einkäufe im Geheimen zu tätigen. Auch deshalb natürlich, weil ich fürchtete, ihn mit meinem Luxusgehabe zu beschämen. Andererseits weigerte er sich, als wir zusammen in den Nordosten reisten, mit mir zusammen das Flugzeug zu besteigen. Ich trug Turnschuhe, und er fand, ich sähe damit aus wie ein Favela-Bewohner. Er hingegen erschien mit einer geliehenen Krawatte.

Irgendwie kamen wir zum Schluss, dass die Zusammenarbeit nicht sehr fruchtbar war. Aber ich konnte ihn auch nicht einfach entlassen. Zu Hause in Rocinha zog Daia vier kleine Kinder auf. Zwei hatte seine Frau in die Ehe gebracht, eins hatten sie zusammen, das vierte war das Kind einer Schwester, die jung verstorben war. Aber es gab im Haus eines Bruders einen ungenutzten Raum, den er zu einer Bar und Imbissecke ausbauen wollte. Damit, hoffte er, wäre seine Zukunft für immer geregelt, und ich versprach, den Umbau zu bezahlen. Damit fing die Katastrophe erst an.

Es ist nicht leicht, Gutes zu tun, schon gar nicht in einem Ort wie Rocinha, seit Jahren ein Stützpunkt der internationalen Nächstenliebe. Große Hilfsorganisationen haben viel Nützliches getan für die Bevölkerung, und gleichzeitig haben die Bewohner die Kunst, ihr Elend zu instrumentalisieren, immer mehr verfeinert. Aber ein schönes Projekt, das eine nachhaltige Wirkung hinterlassen hat, gibt es doch – gegründet von einem deutschen Lehrer.

Hans Ulrich Koch kam 1947 in Dessau zur Welt, und nach dem Willen seiner Mutter hätte er ein berühmter Pianist werden sollen. Er wurde dann Lehrer an der deutschen Schule in Rio de Janeiro, wo er die Kinder der Oberschicht unterrichtete. Als sein Vertrag auslief, beschloss er, statt nach Deutschland zurückzukehren, die Musik auf den Hügel zu bringen, an dem er, auf dem Weg zur Eliteschule, immer vorbeigefahren war. Bei den großen Hilfsorganisationen stieß er auf Misstrauen. Ein Grundsatz der politisch korrekten Wohltätigkeit lautet, dass ein Projekt einem von den Bewohnern manifestierten Bedürfnis entsprechen müsse. Tatsächlich hatte niemand in Rocinha je den Wunsch nach Musikunterricht ausgesprochen. So etwas verspricht weder Nahrung noch Geld noch Macht auf dem Hügel der Armen.

Hans Ulrich Koch ließ sich von keinem Widerstand beirren: Er fand einen Jesuitenpater, der ihm Zugang verschaffte auf den von Drogenbossen beherrschten Hügel, er fand eine Methodistenkirche, die ihm einen Raum zur Verfügung stellte, er fand ein Shoppingcenter, das ihm die Instrumente schenkte. Mit vierzehn Blockflöten und einer Lehrerin begann der Musikunterricht. Heute sind es über zweihundert Schüler, die gratis in Flöte, Querflöte, Gitarre, Piano oder Chorgesang unterwiesen werden. Damit erarbeiten sich die Kinder ein Selbstvertrauen und eine Anerkennung, die mehr dabei helfen, den Kreislauf von Armut und Abhängigkeit zu durchbrechen, als jedes Almosen.

Meinem eigenen Projekt, eine Bar für Daia, war dieser Erfolg nicht beschieden. Der Mann stürzte sich mit Elan und Fleiß in die Umbauarbeiten, und nach einem halben Jahr wurde die kleine Gaststätte mitten im architektonischen Wildwuchs der Favela feierlich eröffnet. Hotdog-Kocher und Hamburger-Presse waren, nebst dem Kühlschrank, die wichtigsten Anschaffungen gewesen. Daias Frau kochte zur Feier des Tages einen fetten Bohneneintopf. Die Kinder waren frisch gekämmt und gebadet, und ich erschien zum Fest in elegantem Schuhwerk. Daias Geschwister, die teilweise noch im Haus lebten, feierten fröhlich mit.

Es vergingen einige Monate, bis ich meinen Freund wieder sah, niedergeschlagen und fassungslos, obwohl seine Bar nicht schlecht lief. Aber seine Frau hatte ihn aus der Wohnung geschmissen. Tagsüber lief der Verkauf mäßig, die Post ging erst nach Mitternacht ab, wenn die Jünglinge des Drogenhandels ein paar Runden schmissen. Die tranken aber nicht allein, sondern mit ihren Freundinnen, und auch die waren, um es im Slang der Straße auszudrücken, scharf bewaffnet. Das hatte Daias Frau, laut seinem Bericht, in rasende Eifersucht getrieben und dazu geführt, dass sie ihrem Mann nach heftigem Streit das Haus verbot.

Das hatten wir im Businessplan nicht vorgesehen. Aber es kam noch schlimmer. Daias Clan, angezogen vom Duft frischen Spendengeldes, verlangte plötzlich Miete für die Nutzung des Raums, der jahrelang leergestanden war. Ich weigerte mich, Geld nachzuschießen, und bat Daia, sich mit seiner geldgierigen Familie zu arrangieren.

Aber die Gesetze der Armut sind gnadenlos. Der Bruder ging zu Nem, dem Drogenboss, und beklagte sich, ein Gringo mache Geschäfte in der Favela, ohne den Gewinn zu teilen. Ich anerbot mich, zusammen mit Daia bei Nem vorzusprechen, um das Geschäftsmodell zu erläutern: eine einmalige Investition, à fonds perdu, um einem Freund ein Auskommen zu verschaffen.

Aber dann musste sich Nem wieder einmal gegen die Invasion einer verfeindeten Drogenbande wehren, und schließlich ging Daia allein zur Audienz. Der Drogenboss erwies sich, trotz seines jugendlichen Alters, als vernünftiger Richter. «Hau ab», sagte er. «Ich will nichts mehr hören von diesem Scheiß, und wenn ihr Brüder euch weiter streitet, jage ich euch beide vom Hügel.»

Nach diesem Machtwort und nachdem der Bruder kein Einsehen zeigte, schloss Daia die Bar. Er fand wieder eine Anstellung als Metzgergeselle, und nach einem Jahr der Quarantäne durfte er auch wieder zur Familie zurückkehren.

2011 besetzten Polizei und Militär die Favela, sie verhafteten Nem, der Rocinha beherrscht hatte wie ein mittelalterlicher Fürst, und die Stadt installierte, wie in anderen Favelas auch, «Friedenseinheiten» – 2016 möchte die Stadt für die Olympischen Spiele ein aufgeräumtes Gesicht zeigen. Daia aber, so habe ich erfahren, hat seine Familie wieder verlassen und ist jetzt Prediger einer evangelischen Kirche.

Große Ganoven, kleine Helden

Brasilien kennt keine Helden, Brasilien hat *Malandros*. Die Schlaumeierei ist der brasilianische Königsweg zum Glück.

Malandros findet man überall, und nur in einer Stadt wie Rio de Janeiro mit ihrer Sympathie für alle Arten von Dribbelkünstlern konnte es passieren, dass einer der größten *Malandros* der Welt zu einer beliebten Touristenattraktion wurde: Ronald Biggs, der berühmteste Bankräuber der Welt, lebte dreißig Jahre seines Lebens in der Stadt. Biggs gehörte zu einer Mannschaft von sechsundzwanzig Banditen, die am 8. August 1963 den Postzug von Glasgow nach London überfiel und dabei 2,6 Millionen Pfund erbeutete, etwa 65 Millionen Euro nach heutigem Wert. Allerdings waren die Räuber nicht sehr vorsichtig. Ronald Biggs hinterließ in der Unterkunft der Bande Fingerabdrücke auf einer Whiskyflasche, er wurde gefasst und zu dreißig Jahren Gefängnis verurteilt. Nach weniger als zwei Jahren floh er, 1970 kam er nach Brasilien, von wo er nicht ausgeliefert werden konnte, weil er sich mit einer Brasilianerin verheiratet hatte. Das Leben des Bankräubers wurde zum Sujet von Büchern und Filmen, Ronald Biggs war ein Held, und in Rio de Janeiro erhielt er Besuch von Stanley Matthews, einem berühmten englischen Fußballspieler, und von den Rolling Stones. Nach einem Schlaganfall kehrte Biggs nach England zurück, wo er von 2001 bis 2009 im Gefängnis saß, bis er im Alter von fast achtzig Jahren aus gesundheitlichen Gründen entlassen wurde.

Am 8. August 2005 fand in Fortaleza, Brasilien, einer der spektakulärsten Banküberfälle statt seit Jesse James' Angriff auf die First National Bank in Northfield, Minnesota, im Jahr 1876. Die Banditen hatten auf der gegenüberliegenden Straßenseite der brasilianischen Zentralbank eine Gärtnerei eröffnet, wo sie angeblich Kunstrasen verkauften. So fiel nicht auf, dass sie das Ausbruchsmaterial des Tunnels abtransportierten, fünf Lastwagen voll, den sie fünf Meter unter der Straße und den Kanalisationsleitungen durch die Erde bohrten. Der Tunnel war achtundsiebzig Meter lang und klimatisiert, und er führte in den Tresorraum, wo die Zentralbank alte, nicht registrierte Fünfzig-Reais-Scheine in Säcken aufbewahrte. Jeder Sack enthielt eine halbe Million Reais. Mittels einer improvisierten Seilbahn führten die Bankräuber zweihundertsiebenundzwanzig Säcke mit insgesamt 3,5 Tonnen Geld in ihre Gärtnerei und von dort aus in verschiedene Verstecke.

Die Diebe erbeuteten knapp hundert Millionen Euro, keinem Wächter wurde auch nur ein Haar gekrümmt, und die Frage ist, weshalb diese *Malandros* nirgendwo besungen werden und warum die Filmindustrie aus der Story kein Kapital geschlagen hat.

Die Antwort ist einfach: Weil es in dieser Geschichte noch schlauere Gauner gibt. Und weil diese, zu komplex für jeden Drehbuchautor, allem Anschein nach, die Guten sind: die Polizisten.

Gut zwei Jahre nach dem Diebstahl interviewte ich den Chefermittler der brasilianischen Bundespolizei. Er lobte die Professionalität der Räuber, welche der einzigen Kamera, die ihr Tun hätte verraten können, mit einem geschickt postierten Lieferwagen die Sicht verdeckt hatten. Für ihren Coup hatten sie die Nacht auf den Samstag gewählt, der Raub wurde erst am Montag entdeckt, was ihnen achtundvierzig Stunden Zeit gab zu verschwinden. Diese Zeit nützten sie allerdings schlecht. Kaum am Ziel ihrer Träume, verhielten sich die Diebe wie blutige Amateure. Als besonders verhängnisvoll erwies sich die Idee, bei einem Autohändler neun Luxuswagen mit zwei Säcken voller verkrumpelter Fünfzig-Reais-Noten zu bezahlen. Drei Banden hatten sich für den Überfall zusammengetan, und weil es sich dabei um eingespielte Teams handelte, reichte es den Ermittlern, einen Namen zu kennen, um auf den Rest der Beteiligten zu schließen. Innert kürzester Zeit verfügten sie über eine lange Liste von Verdächtigen, die zur Verhaftung an alle Polizeistellen des Landes verschickt wurde. Dann begann die große und bestimmt einzigartige Jagd der Polizisten auf den gestohlenen Schatz.

Ganze Kontingente von Gesetzeshütern in zivil schwärmten aus, bedrohten, folterten die Diebe und entführten ihre Angehörigen, um einen Anteil an der Beute zu erpressen. Und wenn die Räuber blank waren und so arm wie zuvor, kamen die Beamten in Uniform zurück, verhafteten sie und steckten sie ins Gefängnis.

Ich wollte einen der beraubten Diebe im Gefängnis besuchen, damit die Verwegenheit seiner Aktion, aber auch das Pech mit der Polizei, nicht unvergessen bleibe. Sein Anwalt fand überzeugende Argumente, mich davon abzubringen. «Wenn der Mann spricht», warnte er, «lebt er nicht mehr lange, genau wie der Journalist, der darüber schreibt.»

Jetzt ist ein Buch über die beraubten Räuber von Fortaleza erschienen. Gerade mal ein Drittel des gestohlenen Geldes ist wieder aufgetaucht, achtzehn Personen wurden verurteilt, zwei hatten nicht das Glück, vor Gericht zu kommen, da sie vorher von Polizisten verschleppt und umgebracht worden waren. Bei den Dienern des Gesetzes müsste man wohl den Rest des Geldes suchen.

Es erstaunt mich nicht, dass das Buch in Form eines Romans erzählt ist. Nicht einmal als Bankräuber kann man zum Helden werden in diesem Land. Noch weniger als Polizist.

Aber auch die Figur des *Malandros,* der mit aristokratischer Arroganz und furchtloser Leichtigkeit die Welt aus den Angeln hebt, hat seinen Zauber verloren. Die größten *Malandros* kleiden sich heute als Politiker und Beamte, und sie holen ihre Provisionen im Umfeld der riesigen Aufträge, die der Staat jährlich zu vergeben hat. Und solange diese Schlaumeierei als Geschäftsmodell funktioniert, haben es ausländische Firmen auch schwer, in Brasilien Geschäfte zu machen. Die *Malandros* bleiben lieber unter sich, als Effizienz und Transparenz vorgezeigt zu bekommen. Aber das sagen sie natürlich nicht. Dafür beschwören sie den nationalen Stolz herauf.

Frische Luft braucht dieses Land. Und Helden wie Dimas Aliprandi.

Das tropische Bergland des Bundesstaats Espírito Santo, die lutheranische Kirche von Barra do Rio Claro. Hier eröffnet Pastorin Iracia Wutke den Hochzeitsgottesdienst mit einem Lied an den Heiligen Geist: «Komm, verbinde uns, in allen Sprachen versammle uns.» Die Sprache, welche die Mehrheit der Hochzeitsgäste und auch das Brautpaar sprechen, ist das Pommeranisch, eine Form des Plattdeutschen, das in der ehemaligen Heimat am baltischen Meer ausgestorben ist. Aber in Brasilen fesselt sie, hundertfünfzig Jahre nach der Flucht aus der verarmten Heimat im damaligen Preußen, noch immer die Nachkommen der Auswanderer an ihre Geschichte.

Dimas Aliprandi, geboren am 19. Oktober 1985, am selben Tag wie der Bräutigam, spricht kein Pommeranisch. An seinem Hemd trägt er ein Stoffband, dessen violette Farbe ihn für alle Gäste als Bruder des Bräutigams kenntlich macht. Tatsächlich hat sich Dimas angewöhnt, Elton, der am gleichen Tag geboren ist, als Bruder zu bezeichnen, obwohl sie keine Zwillinge sind. Dimas ist bleich, dünn und so blond wie der Rest der Kirchenbesucher. Elton, der jetzt mit feuchten Augen die Braut Silvana Hoffmann zum Altar führt, ist klein und schwarzhaarig; er sieht aus wie ein italienischer Fliegengewichtsboxer und nicht wie der Nachkomme preußischer Stallknechte.

Dimas Aliprandi und Elton Plaster, die sich Brüder nennen, haben keine gemeinsame Mutter. Sie wurden bei der Geburt vertauscht. Die Kirche von Barra do Rio Claro liegt über einem grünen Tal voller Gemüsegärten und Erdbeerfelder, das nur über eine einfache, nicht asphaltierte Landstraße zu erreichen ist. Zwischen 1859 und 1874 kamen etwa 2200 Einwanderer aus Pommern nach Vitória, der Hauptstadt von Espírito Santo. Zuerst mussten sie mit harter Arbeit die Überfahrt abbezahlen, und dann wurden sie wegen ihres lutheranischen Glaubens diskriminiert. Lange Zeit durften sie keine richtige Kirche bauen mit Turm, Glocke und Kreuz, und das führte dazu, dass die Siedler sich in abgelegene Bergtäler zurückzogen, wo sie kaum Portugiesisch lernten, sich dafür kräftig vermehrten. Heute gibt es im Bundesstaat Espírito Santo etwa 200 000 Pommeraner, und eine Hochzeit ist immer Anlass, die gemeinsame Identität zu stärken. Vierhundertfünfzig Familien sind zu Elton und Silvanas Hochzeitsfest eingeladen, und wie es der Brauch will, hat der Bräutigam jede Einladung persönlich vorbeigebracht. Allerdings nicht mehr zu Pferd, wie das noch der Mann tat, den er gelernt hat, Vater zu nennen, und den er immer noch so nennt.

Die vorderste Bank ist für die Eltern des Hochzeitspaares reserviert, und dort haben sechs Personen Platz genommen, alle in einfacher bäuerlicher Kleidung. Ihnen überreicht das Brautpaar einen Blumenstrauß, zuerst den Eltern der Braut, dann jenen des Bräutigams, Niusa und Adelson Plaster, und schließlich dessen biologischen Eltern, Zilda und Antonio Aliprandi. Dimas, das Kind, das die Aliprandis aufgezogen haben, eigentlich der Sohn der Plaster, sitzt in einer hinteren Reihe neben seiner Frau Vanessa. Die beiden haben vor zwei Jahren geheiratet, in Alltagskleidung und ohne jede Feierlichkeit.

Die Immigration der armen Landbevölkerung Norditaliens nach Espírito Santo erfolgte etwa zur selben Zeit wie die aus Pommern, die beiden Gruppen siedelten sich in verschiedenen Tälern an. Bis auf einige wenige Brocken Italienisch haben sich in der Familie Aliprandi die Erinnerungen an die alte Heimat verloren. Antonio Aliprandi war eins von zehn Kindern eines kleinen Kaffeepflanzers, er ging nie zur Schule, heiratete ein Nachbarsmädchen. Sie bewohnten ein einfaches Holzhaus in den Bergen, pflanzten Kaffee, und als seine Frau zum dritten Mal schwanger war und die Wehen einsetzten, fuhr er sie mit seinem VW-Käfer in die nächstgelegene Stadt Santa Teresa, ins Spital Zur Mutter vom guten Rat, von katholischen Ordensfrauen geführt. Noch am selben Abend, um zwanzig Uhr, kam ein Sohn zur Welt, dem sie den Namen des Arztes gaben, der die Geburt begleitet hatte: Dimas. Schon am andern Morgen fuhren sie zurück. Antonio wunderte sich ein bisschen, dass der Sohn blaue Augen hatte und einen Schädel, der so kahl war wie sein eigenes Knie. Je größer das Kind wurde, desto weniger glich es seinen dunkelhaarigen Schwestern. Außerdem war der Bub kränklich, und als er mit drei Jahren kaum laufen konnte, brachte der Vater

Antonio das Kind, das er als seines betrachtete, in die Klinik. Er ist sich sicher, dass sie dem Sohn alles gegeben haben, was eine bescheidene Familie einem Kind geben kann. Und er ist froh darüber, dass er in all den Jahren keinen Moment an der Treue seiner Frau gezweifelt hat.

Eine Woche dauerte die Vorbereitung zur Hochzeit. Nachbarinnen und Hilfspersonal buken vierhundert Kuchen, verarbeiteten vierhundertfünfundzwanzig Kilogramm Hühnerfleisch, der Ochse, der dran glauben musste, wog vierhundertfünfzig, das Schwein hundertfünfzig Kilogramm. Auch Zilda Aliprandi stand für ihren wiedergefundenen Sohn täglich in der Küche, und sie fragte sich, als sie die Unmenge von Fleisch sah, was wohl mit all den Resten geschehen würde. Aber man sagte ihr, das sei eine pommersche Hochzeit, und fehlte es an Fleisch, käme Unglück über die Brautleute. Am Tag zuvor wurde «Pulterawend» gefeiert, Eltons Großmutter, neunzigjährig, zerschlug, um die bösen Geister zu vertreiben, Porzellangeschirr, aber von all dem, was sie erzählte, verstand Zilda nichts; die Alte hat nie Portugiesisch gelernt.

Schon wenige Monate nach der Geburt war ihr Mann gekommen, um zu berichten, was eine seiner Schwestern flüsterte: Ob ihr Kind nicht ein vertauschtes sei? Aber Zilda hatte schon zwei Mädchen geboren und sich so sehr einen Buben gewünscht, dass sie sagte: «Das ist mein Sohn», und damit war die Diskussion beendet. Sie beide waren katholisch erzogen, aber dann war ein Prediger ins Haus gekommen, und mit ihm hatte Antonio die Bibel erkundet und so lesen und schreiben gelernt, und danach waren sie in eine evangelische Kirche eingetreten. Und wenn der Bub, der böse wurde, wenn die Schwestern den Bleichling hänselten, weil er so anders aussah, wenn dieser ungeduldige Bub ihr mit seinen Zweifeln in den Ohren lag, sagte sie: «Gott weiß, was er tut», und umarmte ihren Sohn.

Der Gottesdienst ist beendet, die grünen Berge, wo noch der Jaguar streift, sind wolkenverhangen, und die Dorfjugend, auf der Ladebrücke eines Lastwagens versammelt, führt unter viel Gejohle und Böllerei die Hochzeitsgesellschaft zurück zum väterlichen Hof. Hier wird Kuchen serviert, die Brautleute nehmen Glückwünsche entgegen, sie bekommt ein Küsschen auf die Wange, er einen Geldschein in die Hand gedrückt, so ist es Brauch bei den Pommeranern. Auch die Mütter stellen sich neben den Bräutigam, um sich fotografieren zu lassen, die italienischstämmige, die Elton geboren, die deutschstämmige, die ihn aufgezogen hat; die beiden Frauen gleichen sich in ihren einfachen dunklen Kleidern, beide klein, fest, bodenständig. Aber Dona Niusa spricht nicht über das, was damals geschah. Diese Geschichte, sagt sie, bedeute eine zu große Last, als dass man darüber sprechen könne. Als die Reporter einer brasilianischen Fernsehstation kamen, um einen Bericht zu drehen über die vertauschten Kinder, versteckte sie sich.

Für Dimas, ihren bleichen Sohn, der mit seiner Frau Vanessa zu Besuch gekommen ist, holt sie jetzt eine Kopfwehtablette. Als Kind waren seine Kopfschmerzen oft fast unerträglich. Seit er denken kann, hatte Dimas das Gefühl, nicht in diese Familie zu gehören. Nicht nur, weil seine dunkelhaarigen Schwestern ihn damit hänselten. Auch nicht, weil ihm, schon als er elf war, jemand sagte, seine Mutter habe ihrem Mann Hörner aufgesetzt mit einem Deutschen aus dem Nachbartal, der sei sein Vater. Es waren seine eigenen Beobachtungen, die ihm sagten, er sei anders als der Rest der Familie, und die seinen Schädel fast zum Platzen brachten. Als er vierzehn war, bat er seine Eltern, einen

DNA-Test zu machen. Aber seine Mutter war dagegen, und sein Vater sagte, sie hätten kein Geld für solche Dinge. Mit sechzehn verließ er die Schule, arbeitete in einer Autowerkstatt, mit zweiundzwanzig verliebte er sich in Vanessa, aber erst nach einem Jahr erzählte er ihr von den Zweifeln an seiner Identität.

Mit vierundzwanzig, an einem Sonntagnachmittag, versammelte er die Familie am Küchentisch und sagte, er habe genügend Geld gespart, um einen DNA-Test zu machen. Die Mutter weinte und fragte ihn, ob er sie, wenn das Ergebnis sei, wie er denke, verlassen werde. «Wie könnte ich?», sagte Dimas. «Du bleibst immer meine Mutter.» Zu dritt gingen sie ins Labor, und als eine Zeitung erfuhr, dass es im Spital Zur Mutter vom guten Rat vor vierundzwanzig Jahren zu einer Vertauschung zweier Kinder gekommen sein musste, waren es die Medien, die auf eine Aufklärung drängten; Dimas hat die Zeitungsausschnitte gesammelt: «4.2.2009: Spital untersucht Kindertausch», «17.2.2009: Spital findet die alten Archive», «31.4.2011: Spital identifiziert Babys, DNA bestätigt Kindertausch», «11.5.2009: Muttertag vereinigt vertauschte Kinder», «17.6.2010: Vertauschte Kinder wollen eine einzige große Familie gründen».

Der Hof füllt sich mit immer mehr Gästen, bleiches, bäurisches, kräftiges Volk, und unablässig tönt das Concertina, ein Bandoneon, das die Pommeraner mit auf ihre Fahrt über den Atlantik genommen haben. Adelson Plaster, der Brautvater, hat für die Hochzeit des einzigen Kindes das Haus neu streichen lassen, und den Gästen, die es noch nicht wissen, erzählt er gern, wie alles angefangen hat. Mit nichts als einem alten Fahrrad ist er in dieses Tal gekommen, hat sich als Arbeiter verdingt und die Tochter des alten Brun geheiratet, reichster Bauer der Umgebung. Nach überliefertem Brauch gehen die Mädchen leer aus beim Verteilen des Erbes, und so war es allein sein Geschick bei der Suche nach Aquamarin-Kristallen, die ihn zu einem wohlhabenden Mann machten. Dreißig Hektar Land bewirtet er, viel mehr als die meisten anderen Bauern in der Umgebung, und schon bald kommen wieder tausend Kisten Randen auf den Markt, zwei Tonnen.

Obwohl er niemanden in der Familie kannte, der Plattfüße hat wie er, kam es Elton nie in den Sinn, er gehöre nicht auf diesen Hof, nicht zu diesem Volk, nicht zu diesem Vater. Zwar hatte er immer eine Vorliebe für italienische Familiennamen, die gefielen ihm, weil sie mehrsilbig und wohlklingend waren. Aber er trägt ein Muttermal auf der Brust, sein Vater ein ähnliches auf dem Bauch, und das war immer ihr Zeichen der Zusammengehörigkeit. Er sei vom gleichen Blut wie der Onkel Franzl, sagte ihm der Vater, auch der sei dunkelhaarig gewesen. Elton war ein guter Schüler, aber statt ein Studium zu beginnen, arbeitete er auf dem elterlichen Hof, sein Fleiß und Arbeitseifer werden weitherum gerühmt.

Elton, klein und schwarzgelockt, erinnert sich noch genau an den Tag, an dem ein fremdes Auto vorfuhr, es war ein Montag, die Sonne stand schon tief, er arbeitete gerade im Garten, und die Unbekannten fragten nach Niusa Brun. Er wunderte sich, denn kaum jemand kannte den Mädchennamen seiner Mutter.

Am 19. Oktober 1985 waren im Spital Zur Mutter vom guten Rat fünf Kinder zur Welt gekommen, zwei Buben und drei Mädchen. Vierundzwanzig Jahre später ergab ein DNA-Test, dass Dimas Aliprandi nach der Geburt vertauscht worden sein musste. Das Spital konnte nicht erklären, wie so etwas möglich gewesen war. Die Suche nach dem wirklichen Sohn zog sich in die Länge, weil die andere Mutter, die am gleichen Tag einen Sohn geboren hatte, nur ihren Mädchennamen hinterlassen hatte, der auf eine deutsche Abstammung hinwies. Im Land der Pommern zogen die Emissäre des Spitals von Hof zu Hof, bis sie auf Niusa Plaster stießen, geborene Brun.

Die Medien hatten die Suche begleitet, und auch Elton hatte in der Zeitung Bilder dieser Familie gesehen, auf denen ein blonder Junge, der so gar nicht seinen vier schwarzhaarigen Schwestern glich, seine wahren Eltern suchte. Er dachte, dass der Sohn mit diesem Aussehen deutschstämmig sein könnte, ein Pommeraner. Aber es war ihm nicht in den Sinn gekommen, dass er das fehlende Stück im Puzzle war, der Bruder dieser vier hübschen Mädchen. Als die Abgesandten des Spitals dann sagten, dass es möglicherweise zu einer Vertauschung gekommen war, und um einen Labortest baten, war seine Mutter nicht sehr erfreut. Aber dem Argument, dass sie rechtlich dazu gezwungen sein könnte, mochte sie sich nicht widersetzen. Es freut ihn, dass die Aliprandis, seine biologischen Eltern, jetzt in der Nähe, nur wenige hundert Meter entfernt, ein Haus gekauft haben. Den Eltern, die ihn aufgezogen haben, so sagte er ihnen, fühle er sich immer noch näher. Alle einigten sich darauf, dass dies wohl normal sei.

Die Idee, dass sein Sohn bei der Geburt vertauscht worden sein könnte, hatte seinen Erzeuger Antonio Aliprandi begleitet wie ein Gerücht ohne große Bedeutung. Erst als der DNA-Test bestätigte, dass das Kind, das sie aufgezogen haben, nicht ihres ist, stellte er sich die bange Frage: Was ist aus *meinem* Sohn geworden? Trägt er Schmuck an den Ohren? Ist er den Drogen verfallen? Alles gibt es auf dieser gottlosen Welt. Antonio fand seinen Schlaf erst wieder, als er einen jungen arbeitsamen Mann kennenlernte, der seiner Mutter aus dem Gesicht geschnitten ist und außerdem Plattfüße hat wie sie. Es störte ihn nur, dass der Junge seine Eltern mit «Alte» anredete und nicht mit einem höflichen «Herr Vater» und «Frau Mutter», so wie er es den Kindern in seinem Haus beigebracht hatte. Aber für erzieherische Maßnahmen, so sah er ein, war es jetzt zu spät. Das Spital hatte, um den moralischen Schaden zu begleichen, an ihre Familien 25 000 Euro bezahlt. Die Hälfte davon überließen Zilda und Antonio Aliprandi ihrem Sohn Dimas, mit der anderen Hälfte kauften sie ein Haus im Tal der Pommeraner und ihres wiedergefundenen Sohnes.

Immer wieder war Dimas im Traum einem Mann begegnet, der ihn ansieht und mit ausgestreckten Armen sagt: «Das ist mein Sohn.» Und so war es, als er am Muttertag 2009, aufgeboten vom Spital, seine Familie kennenlernte: Der Mann, groß, bleich und bärtig sah ihn an und sagte: «Das ist mein Sohn.» Dimas fühlte sich wie neugeboren. Das Kopfweh war auf einmal weg. Er verließ die Autowerkstatt, wo er Pneus geflickt hatte, zog hundert Kilometer weiter ins Tal, wo die Leute aussehen wie er. Der Vater gab ihm ein Stück Land, wo er Kaffee anbauen konnte. Und seine Mutter offenbarte ihm ihr Drama. Wie sie schlecht behandelt worden war vom katholischen Personal des Spitals, sie, die protestantische Deutsche, die kaum Portugiesisch sprach. Erst sieben Stunden nach der Geburt habe man ihr das Kind übergeben, mit einem Bändchen am Arm, auf dem ein fremder Name stand. Aber das habe sie erst später von einer Verwandten erfahren, denn sie selber könne nicht lesen. Und sie sagte ihm, dass nach diesem Spitalaufenthalt ihre Gebärmutter so verletzt gewesen sei, dass sie keine Kind mehr haben konnte.

Mittlerweile sind über tausend Gäste eingetroffen. Die Reihe der Leute, die zum Abendessen anstehen, ist noch lang, aber auf der Bühne, wo sonst der Kaffee gelagert wird, fängt der Hochzeitstanz an. Als Dimas Vanessa kennenlernte, war er zweiundzwanzig und sie siebzehn, und vom ersten Moment an hatte er das Gefühl, sie seien füreinander geschaffen. Sie arbeitete in einem Supermarkt, abends studierte sie, um Lehrerin zu werden. Zuerst zog er allein ins Haus seiner wiedergefundenen Eltern. Er hatte Mühe, die Frau, die ihn geboren hatte, mit «Mutter» anzureden, und deshalb hielt er es wie Elton: Er nannte sie «Alte». Viel Besuch kam, um den verlorenen Sohn anzugucken, und erst mit der Zeit fiel ihm auf, dass viele Mädchen dabei waren, alle im heiratsfähigen Alter, und dann ahnte er auch, wer all die Besuche arrangierte. Sowieso sprach die Alte viel vom «Blut» und davon, dass «die anderen» anders seien und dass es nicht gut sei, sich mit «den anderen» zu mischen. Dimas liebte Vanessa, und deshalb fuhr er mit seinem Motorrad rasch zurück in die Stadt, wo sie sich schleunigst, ohne weitere Feierlichkeit, auf dem Standesamt vermählten. Mit seiner Frau kehrte er ins Elternhaus zurück, und das war mehr oder weniger der Zeitpunkt, wo die Magenschmerzen begannen. Es war nicht mehr das Kopfweh, das ihn plagte, jetzt brannten ihm die Schmerzen ein Loch in den Bauch. Es gab Leute, die den Kopf wegdrehten, wenn sie Vanessa begegneten. Und dann hörte er das Wort: «Eine Schwarze …» Das war es. Am andern Tag verließ Dimas das Tal seiner Ahnen, er ging zurück in die Autowerkstatt, sie in den Supermarkt. Eine Zeitlang besuchte er einen Psychologen, und dann verschwanden auch die Magenschmerzen.

Der Hochzeitstanz dauert jetzt schon gegen drei Stunden, unablässig drehen sich Elton und seine Frau im Kreis. Dimas hat Kopfweh und will nach Hause; Vanessa begleitet ihn.

Ein Haus in Salvador da Bahia

Am 28. November 1857 gründeten die Auswanderer in Salvador da Bahia, Brasilien, zur Unterstützung notleidender Landsleute die schweizerische Wohltätigkeitsgesellschaft *Sociedade Suíça de Beneficência.* Nie gab es im Auf und Ab der folgenden Zeiten, während die Sklaverei abgeschafft wurde und zwei Weltkriege den Handel mit Kaffee und Kakao erschwerten, nie gab es in all dieser Zeit in der Stadt am südlichen Atlantik einen Ort, um das Heimweh zu besänftigen und nützliche Informationen auszutauschen. Erst im Jahr 2006 beschloss der Vorstand der Wohltätigkeitsgesellschaft, seit Jahren von keinem verarmten Schweizer mehr in Anspruch genommen, die Hälfte ihres Vermögens, wohlweislich in der Schweiz deponiert, zum Kauf eines Hauses zu verwenden, das der Diaspora zur Seele und der Schweiz zum Schaufenster werden sollte.

Seither hat Vreni Tobler Ärger.

Vreni Tobler ist Präsidentin der Wohltätigkeitsgesellschaft, und für das heutige Fest hat sie eine Rüeblitorte gebacken. Der Staat Bahia zählt etwa achthundert registrierte Schweizer, die Hälfte davon wohnt in der Umgebung der Hauptstadt Salvador, und nicht wenige der hundertfünfzig Besucher, die Vreni Tobler heute erwartet, kommen wegen des Angebots an heimischem Gebäck, das die Damen der Kolonie mitzubringen pflegen. Vreni Tobler ist Auslandschweizerin der dritten Generation. Und etwas weiß sie von den Schweizern ganz bestimmt: Sie haben, im Gegensatz etwa zu den Deutschen, kaum das Bedürfnis, sich in der Fremde dauernd nahe zu sein. Seit statt Auswanderer Aussteiger nach Brasilien kommen, hat sich diese Zurückhaltung noch verstärkt. Heute gibt es schon Leute, die fast böse werden, wenn sie auf einen anderen Schweizer stoßen.

Dass das Schweizerhaus nun aber fast das ganze Jahr über unbenutzt ist und nur am Ersten August seinen noblen Zweck erfüllt, hat damit nichts zu tun. Das neue Schweizerhaus liegt im Viertel Federação unweit des Zentrums, ein bescheidenes zweistöckiges Gebäude in der boomenden Millionenstadt, auffällig geschützt von einer Mauer und einem Elektrozaun, umgeben von einer palmengeschmückten Grünfläche, die gerade groß genug ist, um darauf das traditionelle Erste-August-Feuer zu entzünden; das Holz ist schon aufgeschichtet. Vreni Tobler hat eine Cateringgesellschaft beauftragt, das Haus mit rot-weißen Wimpeln zu schmücken und die Gäste mit gegrillten Bratwürsten zu versorgen.

Das Haus selber weist verschiedene Räume auf, die der Erinnerung an jene Pioniere gewidmet sind, welche den Schweizern in Bahia einen Einfluss verschafft haben, wie er andernorts nur ehemaligen Kolonialmächten vorbehalten war. So trägt die kleine Bibliothek den Namen von Hugo Kaufmann, des Pioniers der Kakao-Industrie von Ilhéus, vierhundertsechzig Kilometer südlich der Hauptstadt Salvador. Der Anbau und Handel mit Kakao wurde von den Schweizern beherrscht. Sie machten aus Ilhéus eine Stadt, die sich mit Paris und London verglich und wo keine Dame von Welt ihr Abendkleid mehr als einmal benützte. Hugo Kaufmann ging in die Weltliteratur ein als Vorbild für die Figur des Mundinho Falcão in Jorge Amados Buch *Gabriela wie Zimt und Nelken*.

Schade nur, dass Hugo Kaufmanns Sohn, achtundachtzig, getauft nach seinem Vater, heute nicht dabei sein kann, um all diese Geschichten selber zu erzählen. Als Hugo Kaufmann Jr. im Kindesalter zum ersten Mal Derendingen besuchte, den Ort, aus dem sein Vater 1903 ausgewandert war, dauerte die Reise mit Schiff und Eisenbahn noch achtzehn Tage. Weil er Wert darauf legt, dass auch seine Kinder und Großkinder Deutsch lernen, reist er mit ihnen bis heute alljährlich in die Schweiz, und deshalb hat er sich bei Vreni Tobler abgemeldet. Er befindet sich in der alten Heimat.

Der große und leider so oft leere Saal des Schweizerhauses ist nach Fritz Buchser benannt, in den fünfziger Jahren Direktor der örtlichen Getreidemühle, der die Kolonie so oft mit seinen Jodelliedern beglückt hat. Seine Tochter Verena hat eine Rüeblitorte mitgebracht, Leila Jezler eine Zwiebelwähe. Leila ist eine Nachfahrin der beiden legendären Brüder Jezler aus Schaffhausen, Ferdinand und Lukas, die 1829 nach Bahia kamen und 1855, noch vor dem berühmten Gerhard Dannemann, in São Félix eine Zigarrenfabrik gründeten.

Der Grill ist in Betrieb, zwei Clowns unterhalten die Kinder. Letztes Jahr wurde eine Musikkapelle engagiert, aber danach reklamierten die Besucher, die Musik sei so laut gewesen, dass man nicht zum Schwatzen gekommen sei. Jetzt klingen vertraute Weisen aus dem Lautsprecher, «Es Buurbüebli», «Luegid vo Bärg und Tal», «Grüezi wohl, Frau Stirnimaa», dezent genug, um auf Schweizerdeutsch, Portugiesisch, Italienisch mitzuhalten oder auch auf Französisch, denn der französische Honorarkonsul gibt sich hier und heute die Ehre.

Die meisten Gäste sind in Brasilien aufgewachsen, Kinder und Großkinder von Schweizer Auswanderern. Einige neue Gesichter haben der Schweiz aus eigenem Entschluss den Rücken gekehrt. So wie Adrian Hänzi, der 1977, dreißigjährig, die Heimat floh, weil sie ihm zu klein und langweilig war. Die Zeit im Ausland hat dem Mann seinen Zorn genommen.

Jahrelang war Hänzi Broker in São Paulo, verkaufte Soja in alle Welt. Seit einigen Jahren lebt er in Salvador und setzt sich für eine gesunde Ernährung ein; neben den Torten und Kuchen der Damen stellt er heute seinen eigenen Honig zum Verkauf aus. Hin wieder reist Adrian Hänzi in die Schweiz zurück, er staunt, wie dort alles bestens funktioniert, und er stellt fest, dass er sich immer besser mit ihr verträgt; die Schweiz kommt ihm farbiger vor und weniger stur als damals, als er unbedingt weg wollte. Seine drei Töchter sind alle in die Schweiz zurückgekehrt. Brasilien ist seinen Kindern zu groß und zu ungezogen. Er jedoch will hier bleiben; Heimat ist ihm, was er sich selber geschaffen hat.

Vreni Toblers Rüeblitorte ist nach einem alten Rezept aus dem Kanton Aargau gebacken, nicht einmal die Mandeln fehlen, und darauf ist Vreni Tobler stolz. Ihr Großvater war Anfang des 20. Jahrhunderts aus dem Appenzell nach Brasilien ausgewandert, wurde Direktor einer Zigarrenfabrik. Der Vater studierte in Winterthur und brachte von dort die Mutter nach Brasilien. Auch Vreni Tobler machte ihre Handelslehre in der Schweiz. Aber es kam ihr nie in den Sinn, dort zu leben. Alles so schön, so organisiert, so «bäschelet», wie sie auf Schweizerdeutsch sagt, dass sie sich bald einmal fremd fühlt in der alten Heimat. Sie liebt es zu wandern, sie liebt die Schweizer Berge. Aber zieht es doch vor, durch wilde, ungepfadete Gegenden Bahias zu streifen, wo kein Schild die Richtung und die Zeit bis zum nächsten Ziel angibt. Ihr Vater ist bei einem Flugzeugunfall ums Leben gekommen. In Brasilien hat sie gelernt zu improvisieren und mit Rückschlägen zu rechnen, und manchmal fragt sich Vreni Tobler, ob die Schweizer zu Hause, so gut versichert, wie sie sind, zu solchen Eigenschaften heute noch fähig sind. Seit dem Ärger mit dem Schweizerhaus sind ihre Zweifel noch größer geworden.

Sie selber war nicht unbedingt für den Hauskauf gewesen. Aber sie erinnerte sich an Erste-August-Feste ihrer Kindheit und dachte an die Möglichkeit, mit dem Schweizerhaus den Pionieren ein kleines Denkmal zu setzen, die der Schweizer Kolonie erst Rang und Namen verschafft hatten, mit eigenem Geld nicht nur die Wohltätigkeitsgesellschaft, sondern auch den Friedhof gründeten, wo die Schweizer, die ihren Beitrag entrichten, bis heute, wenn es sie trifft, ein Plätzchen auf sicher haben. Die Männer im Vorstand, beide aus der Schweiz eingewandert, beide vom Vorsatz beseelt, die Kolonie mit frischen Ideen zu beleben, steuerten ihre Visionen bei: Foto-Ausstellungen, Künstler aus der Schweiz, Tanzkurse, ein Zentrum des brasilianisch-schweizerischen Kulturaustauschs.

Die Männer im Vorstand hatten es auch übernommen, die Renovierung des Hauses zu organisieren. Wenn Vreni Tobler sich daran erinnert, muss sie etwas seufzen. Aber, um es kurz zu machen: Jacques und Daniel, Präsident und Kassier, vielbeschäftigte Geschäftsleute, hatten vielleicht nicht immer Zeit gehabt, die Arbeiten zu überwachen. Jedenfalls war das Budget aufgebraucht, der Bau noch nicht fertig, und das war die Stunde, da die Töchter der Pioniere das Heft und das Erbe ihrer Väter wieder in eigene Hände nahmen. Silvia Escudeiro-Kübler, Tochter eines Mexikaners und einer Schweizer Familie aus der Kakaoregion, half als Architektin aus, obwohl sie nicht einmal einen Schweizer Pass besaß. Was sich mittlerweile, auf Drängen ihrer Freundinnen, geändert hat. Heute hat Silvia einen Kiwikuchen mitgebracht.

Zu den Frauen, die das Schweizerhaus vor dem Ruin retteten, gehörte auch Ania Billian (Rüeblitorte). Ania ist kraft ihrer Persönlichkeit und familiären Herkunft der mütterliche Anker in der Schweizer Gemeinde von Salvador da Bahia.

Ende des 19. Jahrhunderts war ihr Großvater Karl Neeser, siebzehnjährig, aus Altstätten im Kanton Zürich nach Brasilien ausgewandert, zusammen mit Emil Wildberger, Schaffhausen. Die beiden Freunde heirateten zwei Schwestern aus der Oberschicht, und das half ihnen, im Import-Export-Handel bald eine herausragende Stellung zu erobern. Bei einem Aufenthalt in der Schweiz lernte Anias Mutter ihren Mann Otto Billian kennen, dessen Familie eine Bijouterie am Limmatquai in Zürich führte. In Brasilien leistete Otto Billian Pionierarbeit in der Erforschung von Quarzvorkommen; im Geologischen Museum von Bahia ist ihm ein eigener Saal reserviert. 1940 kaufte er sich eine große Fazenda, und als die Stadt immer näherrückte, verkaufte er die Parzellen mit der Auflage, achtzig Prozent als Grünfläche zu erhalten. Jetzt ist die damalige Fazenda ins Stadtzentrum von Salvador gerückt. Ania Billian ist Königin in einem der exklusivsten Viertel der Stadt, grün wie kein anderes. Ania Billian ist eine Königin mit rustikalem Charme und bescheidenem Auftreten, sie liebt ihre Großkinder, schottischen Whisky und Weißwein aus der Schweiz. In Bahia aber hat die Frau gesehen und hat selber erlebt, wie leicht die Männer den Verführungen der Tropen erliegen und wie rasch sie sämtliche Treueschwüre vergessen. Das mag ein Grund dafür sein, dass Ania Billian immer etwas misstrauisch ist, wenn Männer Visionen haben. Am Schluss, das hat sie in Brasilien gelernt, bleibt die Arbeit doch an den Frauen hängen. Am 7. April 2006 war Eröffnung des Schweizerhauses, und danach übernahmen die Frauen die Führung der *Beneficência Suíça*.

Die Männer traten zurück. Der Berner Daniel Kläy, ehemaliger Kassier, ist noch keine fünfzig Jahre alt, und mit seinem Jahrgang war er ein junges Mitglied im Vorstand. Er war der eifrigste Visionär eines kulturfreudigen Schweizerhauses. An der heutigen Ersten-August-Feier fehlt er nicht unbegründet, er befindet sich an einer Schmuckmesse in São Paulo. Aber der Elan, kulturelles Leben ins Schweizerhaus zu bringen, zum Vorteil des Publikums und zur Belebung des eigenen Geschäfts, ist ihm abhanden gekommen.

Immerhin hat Daniel Kläy sein eigenes Märchen geschrieben, und deshalb will er nicht nachtragend sein. Kläy ist in der Nähe von Laupen aufgewachsen, er machte eine Lehre als Radio- und Fernsehverkäufer in Bern, reiste nach Mexiko, Indien und kam endlich, weil ihm die Musik gefiel, mit Rucksack und Gitarre nach Brasilien. Als das Geld alle war und das Visum abgelaufen, begann er sich auf seine wahre Stärke zu besinnen: ein Mundwerk, das mehrsprachig wie geölt funktioniert, wenn es nur etwas zu verkaufen gilt. Er bearbeitete die Touristen in einem Schmuckgeschäft, eröffnete seinen eigenen Laden, erwarb, sechshundert Kilometer von der Hauptstadt entfernt, die Konzession für eine Smaragdmine. Heute beschäftigt Daniel Kläy dreizehn Angestellte, vom Smaragdschürfer bis zum Goldschmied, und weder Bundesrat Pascal Couchepin noch Bundesrätin Doris Leuthard, dienstlich in der Gegend, gingen ohne Schmuck von Daniel Kläy nach Hause.

Ein langer Weg für einen, der als Hippie nach Brasilien kam. Aber Daniel Kläy will gar nicht mehr über seinen verlorenen Kampf in und ums Schweizerhaus reden.

Und auch die Frauen, die es gerettet haben, sagen lieber nichts mehr.

2009 starb der langjährige schweizerische Honorarkonsul Adriano Neeser, ein Cousin von Ania Billian. Schmuckverkäufer und Abenteurer Daniel Kläy machte sich Hoffnungen, den Ehrentitel zu bekommen, aber gewählt wurde dann, mit dem Segen der Kolonie, der Immobilienhändler Daniel Kunz.

Daniel Kunz ist in Arbon aufgewachsen, Sohn eines Lokalpolitikers, nach einer Lehre als Flugzeugmechaniker kam ihm die Schweiz zu klein vor, er fand eine Stelle in São Paulo, seit acht Jahren handelt er mit Immobilien in Salvador. Er ist verheiratet, ein Kind. Zwei Stunden täglich widmet Daniel Kunz den konsularischen Geschäften. Schon zweimal in seiner erst kurzen Amtszeit traf es Honorarkonsul Kunz, dass er ganz allein einen Landsmann zu Grabe bringen musste. Einer hatte sich, im Vertrauen auf seine robuste Natur, partout geweigert, eine kleine Wunde am Bein behandeln zu lassen, bis ihm dann die Tropen den Meister zeigten; er verstarb an einer Blutvergiftung. «Ein typischer Schweizer», sagt Daniel Kunz, und das muss er in seinem neuen Amt häufig beobachten, wie Eigenschaften, die zu Hause positiv besetzt sind, in Brasilien plötzlich hinderlich werden, wie Gradlinigkeit zu Sturheit wird, Selbstbewusstsein zu Arroganz. Dabei gäbe es nichts Wichtigeres als Geduld und Toleranz, sagt er, um in diesem Land zu bestehen, ohne Flexibilität und Improvisationsvermögen gehe gar nichts, und es soll bloß keiner denken, der jetzt nach Brasilien komme, er habe das Land verstanden, bevor er nicht mindestens sieben Jahre lang den Launen der Bürokratie und der Politik ausgesetzt war.

Die Schweizer Fahne hängt neben der brasilianischen, die Lampions leuchten, die Bratwürste brutzeln, Honorarkonsul Kunz übersetzt die Erste-August-Botschaft der Bundespräsidentin Calmy-Rey auf Portugiesisch, dann folgt sie in den schweizerischen Landessprachen per Tonband.

«Das Schweizerhaus», ruft Vreni Tobler in ihrer Ansprache aus, «ist dazu da, die Beziehung zur alten Heimat aufrecht zu erhalten.»

Dann ertönt die Nationalhymne.

Und Vreni Tobler verschweigt, wie schwierig es die alte

Heimat macht, das Vorhaben zu erfüllen. Im Schweizerhaus wurde, um seine Unterhaltskosten zu decken, ein Künstleratelier eingebaut. Salvador da Bahia war lange Zeit Heimat und Wirkungsstätte des Aargauer Musikers und Komponisten Ernst Widmer gewesen. Das Aargauer Kuratorium zeigte sich interessiert, seinen Künstlern mittels halbjährigen Aufenthalten «einen Zugang zur vielfältigen brasilianischen Kultur zu ermöglichen», wie die *Aargauer Zeitung* schrieb. Ein Mietvertrag wurde unterschrieben.

Die brasilianische Kultur, so stellte sich heraus, war aber für zwei Stipendiaten vielfältiger als erwartet. Der erste schrieb Ende 2010 nach Hause, das Haus befinde sich in einer unsicheren Gegend, und er sei von einem Taxifahrer beraubt worden. Darauf wurden die Mauern des Schweizerhauses mit einem Elektrozaun verstärkt. Als aber sein Nachfolger vermeldete, im eigenen Zuhause um sein Bargeld gebracht worden zu sein, kündigte das Kuratorium den Vertrag und verlegte seine Künstler in eine *Pousada* der Innenstadt. Das Schweizerhaus blieb mit einem beschädigten Ruf und ohne seine einzige und dringend benötigte Einnahmequelle.

Aber folgenlos lebt man nicht in einer Stadt, die drei Generationen von Auslandschweizern zur eigenen gemacht haben; Vreni Tobler und ihre Mitstreiterinnen brauchten nur wenig Detektivarbeit und ein paar Telefonate mit den richtigen Stellen, um die Vorfälle zu klären.

Im ersten Fall leistete Ricardo Aufklärung, Hauswart im Schweizerhaus und beauftragt, den Gästen das Leben zu erleichtern. Er hatte den Disput mit dem Taxifahrer und seinem der Sprache unkundigen Klienten mitbekommen und wusste folgendes zu berichten: Der Taxifahrer hatte nicht das notwendige Rückgeld zur Hand und schlug deshalb vor, die große Note, mit der sein Kunde bezahlen wollte, am nächsten Kiosk zu wechseln. Der Künstler bestand darauf, das Rückgeld an Ort und Stelle zu empfangen, worauf der Taxifahrer schließlich samt Hunderternote entnervt davonfuhr. Im zweiten Fall, und auch dafür fehlte es den immer empörteren Detektivinnen nicht an Namen und Zeugen, versüßte der Künstler seinen Aufenthalt mit zweifelhaften Damen, womit auch das Rätsel der in der eigenen Wohnung abhanden gekommenen 1700 Franken erklärt war.

Das Aargauer Kuratorium aber wies daraufhin, dass es die bestmögliche Sicherheit für seine Stipendiaten im Schweizerhaus nicht gewährleisten könne, und beharrte auf der Kündigung.

Worauf sich der Vorstand der *Beneficência* zusammensetzte und zuhanden des Regierungsrats des Kantons Aargau eine Note skizzierte: «Als aufrechte Eidgenossen auf Außenposten schmerzt es sehr, aus dem Heimatland statt Unterstützung ein Messer in den Rücken zu kriegen, und wir sind nicht willens, dies schweigend hinzunehmen.»

Aber dann schwiegen sie doch, ließen den Brief unverschickt und trösteten sich damit, dass es ein Leben außerhalb von Norm und Sicherheit war, das die Auswanderer gelehrt hat, Schlägen auszuweichen und aus Rückschlägen das Beste zu machen.

Und ebenso hat es gelehrt, dass jeder Krise wieder bessere Zeiten folgen, und hat so der Vorstand die Hoffnung nicht aufgegeben, Künstler aus anderen Regionen der Schweiz für das Atelier zu begeistern und damit wenigstens die Unterhaltskosten für das Schweizerhaus zu berappen.

Am Ersten August wird jetzt endlich das Feuer angezündet. Danach gibt es Kuchen nach vielerlei alten Rezepten, gebacken von den Frauen der Schweizer Kolonie in Salvador, Bahia.

Eine Kraft, die Grenzen sprengt

«Ich kenne Brasilien vom Amazonas bis hinunter nach Rio Grande do Sul. Keinen Bundesstaat gibt es, den ich nicht bereist habe, nur nach Acre hat es mich nie verschlagen, ganz im Nordwesten des Landes gelegen. Aber auch dort, da bin ich mir sicher, trifft man frohe Leute, bekommt man ein gutes Essen und gibt es schöne Frauen. Die Brasilianer lassen nicht gern ein Fest aus, das ist im ganzen Land so. Aber die *Gaúchos*, wie wir die Leute des Südens nennen, die *Gaúchos* haben beides im Blut: arbeiten und Feste feiern. Dafür sind sie etwas hochnäsig und denken, sie seien die Einzigen, die zu etwas gut sind in diesem Land. Aber ihr Fleisch zu grillieren, das beherrschen sie, das muss man anerkennen. Was aber die Frauen betrifft, mein Freund, so kann ich nur eins sagen: Schön sind sie überall, aber es kommt darauf an zu wissen, was im Kopf drin steckt. Und das herauszufinden ist verdammt schwierig, das sage ich dir.

Gerne gegessen habe ich überall, in São Paulo, in Mato Grosso, an die scharfen Gewürze der afrikanischen Küche in Bahia habe ich mich gewöhnt. Auf das Schlangenfleisch, das mir die Indios am Rio Xingu reichten, hätte ich gerne verzichtet. Es war eine achtzig Kilogramm schwere Anaconda, eine willkommene Abwechslung in der Küche des Urwaldvolks. Aber Schildkröte, Gürteltier und Äffchen habe ich dankend abgelehnt. Einmal war ich neunzig Tage allein im Dschungel, ich habe nach Chromit gesucht, Gesteinsproben gesammelt und nichts anderes als Sardinen gegessen, neunzig Tage lang, Sardinen aus der Büchse – das kommt mir seither nicht mehr auf den Teller. Aber am besten schmeckt das Essen sowieso dort, wo ich herkomme, im Sertão, der ärmsten Ecke Brasiliens im staubigen Nordosten, und nichts tausche ich gegen eine *Pamonha*, in den eigenen Blättern gekochter Maisbrei, die Freude meiner Kindheit.

Wir lebten auf dem Land, und bis ich vierzehn war, war ich nie in der Stadt und wusste nicht, was Geld ist. In der Schule war ich bloß vier Jahre lang. Aber ich war immer ein aufgewecktes Kind, neugierig, schämte mich nie zu fragen, wenn ich etwas nicht wusste, hatte keine Angst, einen Fehler zu begehen. Von meinem Vater habe ich gelernt, nie den Blick zu senken vor einem Fremden. Ich weiß, wie man ein Gespräch beginnt, und ich weiß auch, wie man es wieder beendet. So bin ich durchs Leben gekommen, und es hat mir mehr gegeben, als ich je erhoffen konnte. Heute kann ich behaupten, dass ich mit meinem Land gewachsen bin, aber ich habe ihm auch etwas gegeben, viel Schweiß, viel Entbehrung, immer auf der Suche nach seinen im Boden verborgenen Schätzen. Und auch die Minengesellschaft, die mich angestellt hat, kann sich nicht beklagen. Wegen mir hat sie bestimmt keine Verluste gemacht.

Und jetzt bin ich, Jeronimo da Costa, dreiundsechzig Jahre alt, zu Besuch auf dem Weiler Rivera, wo ich aufwuchs, Gemeinde São José do Sabugi, Bundesstaat Paraíba. Hier stand ich jeden Morgen um vier Uhr auf, um diese Zeit hatte der Vater die Kühe schon gemolken, und ich brachte die Herde auf die Weide. Um zehn Uhr rannte ich zurück, ging zur Schule, um drei Uhr wieder aufs Feld, abends um sieben Uhr das Nachtessen, immer das gleiche, Süßkartoffeln und Bohnen. Und jetzt siehst du das schiefe Häuschen, die Ziegel bestimmt über hundertjährig, in der Küche den Steinofen und die verrußten Pfannen, das Schlafzimmer der Eltern, und in der Stube hingen die Hängematten der Kinder. Waren alle in der Matte, rief ich: ‹Vater, ein Kuss!›, und der Vater rief zurück: ‹Ein Kuss, gilt für alle!› Wir waren zehn Kinder, die beiden ersten waren bei der Geburt gestorben, ich war der Älteste, und nach der vierten Klasse sagte der Vater: ‹Genug Schule, du musst arbeiten.› Hin und wieder prüften die Onkel meine Hände, ‹Schau dir diese Schwielen an›, riefen sie, ‹das wird mir ein Mann.› Darauf war ich stolz, und ich dachte, diese harte Haut würde mich weit bringen im Leben. Aber da täuschte ich mich. Trotzdem hatten wir keine traurige Kindheit, obwohl vielleicht vieles traurig war. Aber wir kannten nichts anderes als das Leben im Sertão: acht Monate sengende Hitze, zehn Stunden täglich brennt die Sonne, vier Monate mit der Aussicht auf etwas Regen.

Siehst du dort, im ausgetrockneten Flusslauf, die grünen Mangobäume im grauen Land unter dem mörderisch blauen Himmel? Die hat mein Vater gepflanzt, als er um die Hand der Mutter anhielt, 1947. Einige Jahre zuvor war er eingezogen und in den Krieg gegen Deutschland geschickt worden. Er war in Italien. Er hat uns nie viel erzählt, aber wenigstens ist er nicht verrückt geworden wie einige andere aus der Gegend, die von den Toten des Kriegs verfolgt wurden, und keine Beterin konnte ihnen helfen.

Mit dem Glauben ist das so eine Sache. Vielleicht lernt man nur zu glauben, richtig zu glauben, wenn man arm ist und kein Spital in der Nähe hat, auch keine Apotheke. Dann hilft bloß der Glaube, aber auch der hilft nur, wenn man richtig glaubt, sonst ist jedes Gebet umsonst.

In meiner Kindheit habe ich gelernt zu glauben. Es war 1964, ich kam von der Schule nach Hause, meine Mutter stand unter der Tür und sagte: ‹Oh, mein Sohn, die *Jararaca*, die Klapperschlange, hat deinen Vater gebissen.› Ich fragte: ‹Wo ist er?› Er lag auf dem Bett, die Augen verdreht, Blut unter den Fingernägeln. ‹Ruf schnell den Sebastião Viru!› Das war der *Curador*, der Heiler. Ich stieg auf den Esel, ritt zu seinem Haus, klopfte an die Tür. ‹Oh, Seu Sebastião, mein Vater wurde von der Schlange gebissen.› – ‹Nein›, fuhr er mich an, ‹von einer Echse!› Das Wort Schlange durfte nicht ausgesprochen werden, das war zu heftig. Ich musste ihm einen grünen Zweig holen. Dann begann er zu beten. ‹Geh zurück›, sagte er zu mir, ‹es wird alles gut. Aber niemand darf zu deinem Vater.› Als ich zurückkam, sagte meine Mutter, die Nägel hätten aufgehört zu bluten. Im Morgengrauen kam der Alte, ging in Vaters Zimmer, und als er zurückkam, beschied er, er sei geheilt. Und noch immer lebt er, jetzt einundneunzig, und kann noch selber davon erzählen. Nur der Glaube half. Der Glaube heilte ihn. Etwas anderes gab es nicht.

Heute verliert sich diese Tradition, aber nicht, weil es keine Heiler und keine Beterinnen mehr gibt, sondern weil die Leute nicht mehr zu glauben wissen. Heute haben die Leute Sehnsucht nach einem Wunder, aber keine Kraft mehr zu glauben. Sie haben ja auch schon alles.

Aber wenn es nicht regnet, helfen keine Wunder. Ohne Wasser kein Leben, und auch die Ältesten wissen sich nicht an eine derartige Trockenheit zu erinnern, wie wir sie jetzt erleben, hier in der Gemeinde von São José do Sabugi, 06° 88' 00'' südliche Breite, 36° 74' 00'' westliche Länge, 333 Meter über Meer. Vor einem Jahr hat es zum letzten Mal geregnet, zwei kurze Schauer. Jetzt stirbt das Vieh, die Weiden sind vertrocknet. Man sieht keine Gürteltiere mehr, keine Füchse, selbst die Schlangen haben sich verzogen.

Das Land, um das sich Nachbarn bis aufs Blut gestritten haben, ist tot, ihre Häuser stehen leer. Und dabei war dieser Weiler voller Leben, und das Glück, das ich hier erlebte, ist mir selber fast unvorstellbar geworden. Mit vierzehn tauschte mein Vater zwei Ziegen gegen einen Esel und erfüllte damit meinen sehnlichsten Wunsch. Ich weiß noch, wie ich die ganze Nacht am Fenster stand und meinen Esel bewunderte, der draußen angebunden stand. Am Sonntag kamen Tanten und Onkel zu Besuch, die Mutter rupfte ein Hühnchen, und das reichte für achtzehn Personen. Wie gesagt, Geld kannten wir nicht. Ende Jahr verkaufte der Vater die Baumwollernte, und damit bezahlte er, was im Laden der Stadt angeschrieben worden war. Einmal jährlich verkaufte er einen Ochsen, aus dem Stoffballen, den er aus dem Erlös kaufte, nähte unsere Mutter die Kleider, alle zehn Kinder sahen gleich aus, wie Vögelchen auf der Stange. In Zeiten der Trockenheit, wenn die Enten mager waren, bereitete die Mutter das Mark eines Kaktus zu, Xiquexique genannt. Mit Steinen jagten wir die Ratten, mit dem Gift eines Strauchs, den wir *Favela* nennen, betäubten wir die Vögel. Im Stamm des Catingueira-Kaktus suchten wir wilden Honig. Die Rinde des Quittenbaums half gegen Magenschmerzen, jene des Quebrachobaums ist so bitter, dass sie den jungen Frauen half, ein unerwünschtes Kind abzutreiben.

1959 kam das erste Radio ins Haus, ein Cousin schleppte das Gerät fünfundvierzig Kilometer weit aus der nächsten Stadt, das Haus war gestopft voll mit Neugierigen, er drehte an allen Knöpfen, nichts geschah. Bis einer merkte, dass die Batterien fehlten. Mein Cousin marschierte zurück in die Stadt, weitere neunzig Kilometer hin und zurück, und endlich erfuhren wir den wahren Preis der Baumwolle, und kein Händler konnte uns mehr übers Ohr hauen. Als der Fernseher ins Haus kam, schlug mein Onkel die Hände über dem Kopf zusammen. ‹Mein Sohn›, wollte er wissen, ‹wie sind die Leute bloß in diese Kiste gekommen? Und wer bringt ihnen das Essen?›

Das war unser Leben, wir kannten kein anderes. Als ich erwachsen war, arbeitete ich drei Tage als Knecht bei einem großen *Fazendeiro*, drei Tage zu Hause. Mit sechsundzwanzig kam es mir in den Sinn zu heiraten. Meine Frau hatte ich bei einem Fest kennengelernt. ‹Wo ist sie her?›, fragte mein Vater. ‹Aus Santana do Seridó.› – ‹Jeronimo›, warnte er, ‹das ist ein wilder Menschenschlag und hartschädelig obendrein.› Bis heute brennt mir die Antwort, die ich meinem Vater gab, im Gedächtnis: ‹Wie sollte einer›, triumphierte ich, ‹der die wildesten Ochsen zähmt, nicht einer Frau Herr werden?›

Das war, gebe ich zu, der Irrtum meines Lebens. Zur Hochzeit gab es eine Suppe aus Rindskopf, für besseres Fleisch reichte das Geld nicht.

Eine Tochter kam zur Welt, aber sonst veränderte sich nichts. Ich arbeitete von vier Uhr morgens bis sieben Uhr abends, von Sonntag bis Sonntag, und wenn ich Ende Jahr die Baumwollernte verkauft hatte, blieb nichts übrig. Ich hatte einen Bruder in São Paulo, und so beschloss ich, in die Stadt zu fahren. Das war der große Traum damals: São Paulo. Und wenn einer von dort zurückkam, wurden die Hühner gerupft und Schweine geschlachtet, denn alle wussten, der hat Geld, jetzt gibt es Bier und Schnaps.

Aber dann, am 2. Juli 1978, kam ein Gringo das staubige Sträßchen zu unserem Hof herunter und bot mir Arbeit an zu einem Tageslohn von fünfzig *Cruzeiros*, so hieß damals die Währung. Als Knecht verdiente ich fünf. Der Mann war auf der Suche nach Wolfram, ein schweres, hitzebeständiges Metall, und zuerst sollte ich mit anderen Arbeitern zusammen einen Weg durch den Busch schlagen. In vierzehn Tagen wollte er zurückkommen. Ich glaubte kein Wort von seinen Versprechen, aber nach siebzehn Tagen kam er zurück, schaute sich das Werk an, bezahlte sechzig statt fünfzig, und danach arbeitete ich dreißig Jahre lang für diesen Mann, einen Geologen aus der Schweiz, der für eine deutsche Minengesellschaft arbeitete. Zuerst bauten wir das Wolfram ab, bauten einen zweiundvierzig Meter tiefen Schacht, sprengten einen kilometerlangen Tunnel in den Fels. Danach reiste ich in seinen Diensten weiter, grub nach Bauxit und Bromit, nach Gold, Mangan und Tantalerz, nach allem, was du dir vorstellen kannst, nach allem, was in unseren Böden verborgen ist. So lernte ich mein Land kennen, vom Norden bis in den Süden. Ich war verantwortlich für die Feldarbeiten, befehligte kleinere und größere Trupps Arbeiter. Mein Chef vertraute mir, und ich versprach nie etwas, was ich nicht erfüllen konnte. Das war die Basis unserer Freundschaft. Ich wählte die Arbeiter aus, und weil es nie Schwierigkeiten gab mit ihnen, leitete ich immer größere und schwierigere Baustellen. Das Geheimnis ist einfach. Ein Mensch, der arm ist, hat nicht viel mehr als seinen Stolz, und den muss man respektieren. Man muss die Leute gut behandeln, und das tat ich. Einfach war es trotzdem nicht. Einmal, im Urwald des Amazonas, litt die halbe Mannschaft unter Malaria, unfähig zu arbeiten. Ich selber holte mir drei Mal eine Malaria, und jedes Mal dachte ich, ich müsse sterben.

Am 3. März 1987 reiste ich zum ersten Mal nach São Paulo, und dann lebte ich zwanzig Jahre dort. Ich bin jemand, der sich leicht anpasst, und deshalb fiel es mir nicht schwer, in der Riesenstadt zu leben. Nur von meiner Frau entfremdete ich mich. Sie trat einer evangelischen Kirche bei, und als ich eines Abends von der Arbeit kam, saß sie mit ihren Freundinnen in der Küche. Kaum sahen sie mich, bekreuzigten sie sich und begannen zu beten: ‹Weiche, Dämon, weiche.› Da war es Zeit, das gemeinsame Haus zu verlassen, nicht einmal ein Hemd habe ich mitgenommen.

Später lernte ich eine neue Frau kennen, wir haben einen zwölfjährigen Sohn zusammen und wohnen, seit ich pensioniert bin, wieder im Nordosten, in der Stadt. Ich besitze ein Haus, ein Auto, und ich weiß, ich habe Glück gehabt in meinem Leben. Aber ich weiß auch, dass ich dafür gearbeitet habe. Und mit einer guten Bildung hätte ich Ingenieur werden können oder ein Direktor in São Paulo, auch das weiß ich jetzt.

Es macht mich nur traurig, meine Kindheit in Ruinen zu sehen. Das ganze Land verlassen, wieder im Zustand, den die ersten Siedler vor zweihundert Jahren angetroffen haben. Die Häuser der großen Landbesitzer, die Dutzende von Knechten beschäftigen, sind am Zerfallen, mit ihnen der Stall, in dem mein Schulunterricht stattfand. Mein Bruder hat das ganze Gebiet, viele Dutzend Hektar groß, für dreitausend Euro gekauft. Jetzt stirbt ihm das Vieh wegen der Trockenheit, und er findet niemanden, der auf dem Land arbeiten will. Wer will sich für einen Tageslohn von zehn Euro, der nirgendwohin reicht, noch der mörderischen Hitze des Sertão aussetzen? Die Menschen wohnen in den Dörfern und Städten, achtzig Prozent leben von der Sozialhilfe der Regierung. Das ist gut so. Es fällt mir nicht ein, den alten Zeiten nachzutrauern. Brasilien verändert sich, vieles ist besser geworden, auch wenn man kaum sagen kann, wie und warum. Ich habe aufgehört, das Land verstehen zu wollen. Die Reichen gehen in die Politik, um noch reicher zu werden. Die Armen gehen in die Politik, um auch etwas zum Stehlen zu haben. Trotzdem trifft hin und wieder jemand eine richtige Entscheidung. Präsident Fernando Henrique Cardoso bekämpfte die Inflation und gab das Vertrauen in die Wirtschaft zurück. Das ermöglichte es seinem Nachfolgern Lula da Silva, seine Sozialprogramme zu verwirklichen.

Aber auch das war nur möglich, weil es Leute gibt wie mich, Jeronimo da Costa, die sich vor keiner Arbeit scheuen und die den Hunger und ihren Glauben in eine Kraft verwandelt haben, die alle Grenzen sprengt.»

Eine kulinarische Weltreise in São Paulo

Ich muss gestehen, ich liebe São Paulo.

Erineu schaut hilflos zur Decke. Seine Frau Ilde studiert die Speisekarte.

Zugegeben, sage ich: die Hölle. Ein Moloch.

In Tat und Wahrheit eine Riesenqualle ohne Halt und Orientierung, hundert Kilometer Stadt von Osten nach Westen, achtzig Kilometer Stadt von Norden nach Süden, 20,5 Millionen Bewohner, sieben Millionen Autos, dreizehn Morde auf hunderttausend Einwohner, so unermesslich ist die Stadt, dass sie bereits ihr eigenes Klima schafft: Hitzeinseln und Hagelschläge.

Trotzdem, sage ich, in São Paulo kommt das Beste aus Brasilien zusammen.

Francisco bestellt noch ein Glas Wasser.

«Wer in diese Stadt kommt, hat ein Ziel. Das lässt die Unterschiede schmelzen, macht die Armen freier, die Reichen offener.»

«Und wisst ihr, meine Freunde, was das Beste ist: Ganz allein sorgt diese Stadt auch dafür, dass keine Träume in den Himmel wachsen.»

«Das ist wahr», lacht Francisco. «Endlich sagst du etwas Vernünftiges.»

«Eine Maschine, die Stolz weckt und zur Bescheidenheit zwingt, ein Monster, das einige schöne menschliche Eigenschaften weckt: Freundschaft und Großzügigkeit.»

Jetzt hebt Erineu das Glas, darin, wie immer, Bier. Bei Ilde und Rose ist es Tomatensaft, Francisco trinkt Wasser. Und wie immer seit fast dreißig Jahren, an jedem Samstagabend, stoßen die Gläser mit einem spanischen Trinkspruch zusammen: *P'arriba, p'abajo, al centro y …* Immer wieder, jeden Samstag, in einem anderen Restaurant der Stadt.

Wo sonst, frage ich, ist der Mensch mehr herausgefordert, Widersprüche zu ertragen, Unterschiede zu akzeptieren, Toleranz zu üben, freundlich zu sein?

«Richtig», sagt Erineu. «Kein Autofahrer hier hupt noch, wenn er im Stau steckt. Weil er weiß, dass es sinnlos ist.»

São Paulo. Nach den portugiesischen Konquistadoren kamen die afrikanischen Sklaven. Dann italienische, deutsche, spanische, schweizerische Einwanderer. Dann die Japaner, die Chinesen, die Koreaner. Die Israeli. Die Araber. Syrer und Libanesen. Die Bolivianer. Die Angolaner. Die Landflüchtigen aus dem Nordosten, aus Bahia, aus dem Amazonasgebiet, aus dem Süden, dem Land der *Gaúchos*. Die Stadt hat zweiundsechzig verschiedene Kulturen aufgenommen und verschmolzen, die alle noch ihre über- und unterirdischen Trutzburgen haben. Es gibt ein Viertel, in dem Juden und Muslime friedlich nebeneinander wohnen. Jede Minute produziert die Stadt siebenhundertzwanzig Pizzas und zweihundertachtundsiebzig Sushis. São Paulo schläft nicht. Dreiundsechzig Prozent aller multinationalen Gesellschaften haben einen Sitz in der Metropole, für das große Business ist sie das Tor zu Lateinamerika. Das kleine Business organisiert sich in 240 000 Geschäften, zweiundsiebzig Shopping-Centern, sechsundzwanzig Universitäten, hundertvierundzwanzig Museen und 12 500 Restaurants.

Erineu und Ilde Cicarelli und ihre Freunde Rose und Francisco Salicio kennen viele davon. Heute sitzen sie im *Ton Hoi*, Stadtteil Butantã, in der Nähe des Stadions von Morumbi, dem größten privaten Fußballtempel der Welt.

«Der beste Chinese von São Paulo», rühmt Erineu.

Wong Chung Yuk kam 1968 nach São Paulo, eröffnete ein kleines Restaurant, das später hier im Westen São Paulos von seinem Sohn Tommy Wong weitergeführt wurde.

Es waren die zahlreichen Flüsse, welche die Jesuiten im Jahr 1544 bewogen, an dieser Stelle eine Stadt zu bauen. Heute sind die Gewässer, gespeist von den Abwasserkanälen, voller Schwermetalle und Bakterien, biologisch tot. Eine sensible Haut kann an einem Asthmaanfall ersticken, ausgelöst durch die Dunstwolke aus Feinstaub, Schwefeldioxid, Ozon, Stickstoffoxid, die wie ein böser Schatten über São Paulo schwebt, drittgrößte Megapole der Welt.

Das *Ton Hoi* liegt an der, wie alle anderen auch, zu stark befahrenen Avenida Francisco Morato, aber vor dem Lokal wartet eine kleine Truppe von Bediensteten, die den Gästen das Auto parkieren. Am Eingang hat es kleine Tische, und hier trinkt man ein Bier, bis im Speisesaal ein Platz frei wird. Ohne Warteschlange geht es nicht bei diesem Chinesen, wo man, wenn man rechtzeitig bestellt, auch eine Pekingente bekommt, die keinen Vergleich mit dem fernen Vorbild zu scheuen braucht. So wie nicht wenige Einheimische auch behaupten, die wahre Pizza, die mit der dünnen Kruste, sei in São Paulo erfunden worden.

Mit derlei Gerede und einer in unzähligen Staus gestählten Geduld ging die Warterei locker vorüber. Jetzt sitzen Erineu und Ilde, Rose und Francisco in einem Lokal, das alle ihre Wünsche erfüllt: Hell, nicht zu sehr gekühlt, freundliche, aber nicht aufdringliche Kellner. «Und natürlich die gute Küche», fügt Francisco hinzu. «Das ist die Hauptsache.»

«Nicht zu vergessen das Preis-Leistungs-Verhältnis», ergänzt Erineu, der es auch deswegen vom Reifenflicker zum erfolgreichen Unternehmer gebracht hat, weil er auf derartige Dinge zu achten weiß.

Der Katalog hat sich auf einer kulinarischen Weltreise herausgeschält, auf der sie ihre Stadt nie zu verlassen brauchten, und die immer nach dem gleichen Muster funktioniert: Francisco studiert die einschlägigen Führer, und dann entscheidet er sich für eine vielversprechende Adresse.

In einem Auto machen sie sich dann auf den Weg, vom Industrieviertel São Bernardo, wo sie wohnen, hinein in den riesigen Bauch der Stadt, seit beinahe dreißig Jahren jeden heiligen Samstag.

«Nur möglichst weit weg von zu Hause», stöhnt Erineu und schaut seinen Freund an, der die Auswahl trifft.

«Oh», sagt seine Frau Ilde, kurze graue Haare, «das ist dein São Paulo, das liebst du doch.»

«Wisst ihr überhaupt», begehrt Erineu auf, groß und drahtig, «wieso sie mich geheiratet hat?» Und nach der Kunstpause: «Doch nur, weil ich so reich war.»

Gelächter am Tisch, denn alle wissen, dass Erineu in einer Familie von armen Schluckern aufwuchs und nach der Schule in einer Reifenwerkstatt zu arbeiten begann. Aber der Junge war geschickt wie kein anderer, erfand neue Maschinen, um die Pneus zu gummieren, und 1965, drei Jahre nach der Hochzeit, besaß er schon seine eigene Werkstatt mit achtzig Angestellten.

«Die Wahrheit ist», korrigiert seine Frau Ilde jetzt, «dass er schon ledig eine gute Küche liebte, weshalb ich ihn zum Essen nach Hause einlud. Danach war er so begeistert, dass er mich heiratete. Nur habe ich ihm nie verraten, dass es die Mutter war, die kochte.»

Auch Rose und Francisco heirateten 1962, er machte Karriere in der Buchhaltung eines multinationalen Unternehmens, sie kümmerte sich um die drei Kinder, die Cicarellis hatten zwei, und schon, als die noch klein waren, gehörten gemeinsame kulinarische Ausflüge zum Programm. Aber erst als die Kinder ihre Wochenenden allein verbrachten, wurden die Expeditionen zum Programm, jeden Samstag, immer ein anderes Lokal, seit bald dreißig Jahren. Und so blieben sie jung in einer Stadt, die sich ständig verjüngte.

Normalerweise legten die Kolonisatoren Amerikas ihre neuen Siedlungen rechtwinklig an, den Achsen folgend, die durch den Hauptplatz vorgegeben waren. In São Paulo aber bauten die Jesuiten ihre Kirche auf einen Hügel, legten damit einen ersten Grundstein für das spätere Chaos. Dreihundert Jahre lang war São Paulo ein armes, vergessenes Klosterdorf auf einer Hochebene im Landesinneren. 1867 wurde die Eisenbahnlinie zum Hafen von Santos gebaut. Über die Eisenbahn wurde jetzt der Kaffee aus dem Hinterland transportiert, über die Eisenbahn fanden die Immigranten den Weg ins weniger heiße Klima auf siebenhundert Meter Höhe. 1885 zählte die Stadt noch 30 000 Einwohner, zwanzig Jahre später waren es 300 000, und seitdem hat sich die Stadt alle vierzehn Jahre verdoppelt; ein Weltrekord – und ein sich selbst organisierendes Chaos. Verkehrsplaner und Städteplaner kamen immer zu spät; die Entwicklung folgte dem Geld. Avenidas, Viadukte, Schnellstraßen breiteten sich aus nach den Bedürfnissen der Industrie, die sich vom Zentrum an die Peripherie verlagerte, folgten dem Willen der Immobilienspekulanten, die dem rasch wachsenden Mittelstand neue Wohngebiete erschlossen, während sich die armen Immigranten überall niederließen, wo sie Platz fanden, neue Viertel errichteten, ihren eigenen Markt schufen, ihre eigenen Kreise des Handels, des Tauschs, des Vergnügens.

Auch der Reichtum suchte sich neue Inseln, zuerst die Avenida Paulista, bis vor kurzem das Symbol für die Wirtschaftskraft der Stadt, dann weiter in südöstlicher Richtung, nahe bei den Ausfallstraßen. Nahe den privilegierten Wohnzonen entstanden neue Zentren der Modernität, rings um die Avenida Faria Lima, rings um die Avenida Luís Carlos Berrini, kühle Turmstädte mit wenig eigenständiger Architektur, als gehe es immer erneut darum zu beweisen, dass in São Paulo keine Träume in den Himmel wachsen, nur der Wunsch des Neuankömmlings nach Status, Prestige, Anerkennung.

São Paulo. Multipolar und vielschichtig, unentwirrbar, undurchschaubar und nur im Sozialen scharf in drei Kreise getrennt: die Einwohner der Global City, die im Rhythmus der internationalen Märkte atmen, die riesige Dienstleistungsindustrie, die im Umfeld entstanden ist, und die Masse informeller Arbeiter, die ihr Plätzchen suchen im trüben Meer der Verlockungen und Gelegenheiten.

Die vier Freunde, überall zu Hause, immer mitten drin, Samstag für Samstag. Sie sahen, wie das Zentrum mit den Kinos und Kaffeehäusern ihrer Jugend verslumte. Erlebten, wie sich in den neuen Zentren der Stadt auch die Küche verfeinerte. Waren Zeugen, wie die Kantinen im Italienerviertel Boa Vista zu eleganten Restaurants wurden. Lernten mit Stäbchen zu essen bei den Japanern im Viertel Libertad. Genossen die besten Krebse aller Zeiten bei einem Franzosen in Ipiranga: *Camarão à la provençale.*

Und jetzt möchte auch der Kellner im *Ton Hoi* die Bestellung aufnehmen.

Die Auswahl ist groß, aber Rose isst kein Fleisch, und rasch einigt man sich auf Krebse an einer Ingwersauce, Fisch mit Bambussprösslingen, Erbsen und chinesische Pilze, Reis mit Gemüse.

Früher, sagt Ilde, seien sie vielleicht etwas abenteuerlustiger gewesen. Aber heute, gegen die siebzig, riskierten sie keine Fahrt mehr ins Ungewisse.

Erineu zückt sein Smartphone, darin gespeichert die lange Liste mit Restaurants, in denen sie nichts als gute Erfahrungen gemacht haben.

Der Kellner bringt die dampfenden Töpfe, jetzt wird geschwiegen, und dann werden einige andere Höhepunke erinnert. Das Bistecca di Vitello bei Massimo, dem besten Italiener im Viertel von Jardim Paulista. Das *Fogo de Chão* für ein gutes Churrasco. Die Paella im *Don Curro* in Pinheiros. Eine gute Feijoada, das traditionelle Bohnengericht Brasiliens, im *Bolinho*.

Bei Alex Atala, dessen Restaurant D.O.M. eben zum viertbesten der Welt ernannt wurde, waren sie, als ihn noch niemand kannte.

«Die Küche», pflegt Alex Atala zu sagen, «ist pervers, libidinös und völlig schamlos.» Sein Großvater kam aus Palästina, seine Großmutter war Engländerin, auf Barbados aufgewachsen, Tochter einer bolivianischen Indianerin und eines englischen Abenteurers. Atalas Vater war Angestellter der Kautschukindustrie mit einem Hang zum Abenteuer. In den Ferien reiste er mit Zelt, Kindern und einem alten Auto durch Brasilien. Und wenn sie kein Gasthaus fanden, jagten und fischten sie ihre Mahlzeiten.

Heute, sagt Atala, Brasiliens berühmtester Küchenchef, sei seine Kunst nichts anderes als die Jagd nach den Gerüchen der Kindheit. Die klebrigen Früchte der Tropen, die Farofa, das staubige Mehl aus geröstetem Maniok, welche ihm im Hals stecken blieb – und trotzdem eine Sehnsucht hinterließ, die ihn auf seinen Lehr- und Wanderjahren durch Europa begleitete.

Dem alten Wissen eine Würde geben. Farofa mit Wasser,

die bescheidenste Mahlzeit Brasiliens, die Notration der Ärmsten, auch das gibt es, angereichert mit ein paar Kräuterchen, im *D.O.M.*, dem besten und teuersten Restaurant von São Paulo.

Die Lust zur Provokation hat den ehemaligen Punk nicht verlassen. Mit vierzehn ging er von zu Hause weg, fand Arbeit in einem Laden für Tauchzubehör, er war DJ, seine Punkband hieß Stiff Little Fingers. Mit achtzehn packte er seine Siebensachen und ging nach Europa. Um nicht ausgewiesen zu werden, schrieb er sich in Belgien in einen Kochkurs ein, danach lernte und arbeitete er in Restaurants in Frankreich und Italien.

In Frankreich machte Alex Atala ein Praktikum bei Bernard Loiseau. Das war der Chef, der sich 2003 umbrachte, weil er, wie es hieß, befürchtete, einen seiner drei Michelin-Sterne zu verlieren.

Atala selber kümmert sich einen Dreck um kulinarische Traditionen. Seine Rückkehr nach Brasilien fiel mit dem Beginn des wirtschaftlichen Aufschwungs zusammen. Die Leute entdeckten die feine europäische Lebensart, und Alex Atala, der Rebell, begann, ihnen die eigene Geschichte unter die Nase zu halten. Die Suche nach den Gerüchen der Kindheit führte ihn nach Amazonien. «Amazonien», sagt er, «ist mit seinem feuchten Klima, den unzähligen Pilzen und Bakterien, mit den vielfältigen Gerüchen der Fermentation ein unentdecktes ‹Terroir›, die letzte unerforschte Grenze des Geschmacks.»

Das ist sein Markenzeichen: die sanfte Integration exotischer Reize ins gewohnte Repertoire der Gaumenfreuden.

«Ja», sagt Erineu und runzelt die Stirn. «Aber das Preis-Leistungs-Verhältnis!»

«Es geht ja», wirft jetzt Francisco ein, «nicht nur um das

Essen. Es geht auch um das Zusammensein mit den Freunden, um die Gespräche.»

Wenn sich das Gespräch nicht um Kinder und Enkel dreht, geht es bestimmt um Erineus seltsames Gefährt, einen Schwimmwagen, 1944 von Volkswagen für Hitlers Armee gebaut. Erineu kaufte das Auto von einem Deutschen, der es nach dem Krieg zu Hause zehn Jahre lang vergraben und dann nach Brasilien mitgenommen hatte, als Volkswagen in Brasilien ein eigenes Werk baute.

Und damit fährt Erineu jetzt, zum Staunen der Kinder, von der Straße direkt in den Stausee von São Bernardo, pflügt mit einer Geschwindigkeit von zehn Kilometer pro Stunde übers Wasser und kehrt dann trockenen Anzugs wieder nach Hause zurück.

Das ist São Paulo, freue ich mich, so viele verrückte Träume, so viele unmögliche Geschichten.

«Sicher», bestätigt Erineu, schiebt seinen Teller weg, atmet tief. «Aber manchmal vergisst du, dass du in São Paulo lebst. Manchmal vergisst du, dass du in dieser Stadt immer in der Mitte der Straße gehen und nie ihrem Schatten folgen solltest. Und plötzlich geht es dir so, wie mir es eben wieder passierte: Einer huscht aus einem Gässchen, streckt dir eine Pistole unter die Nase. Rasch leerst du deine Taschen. Auch das lehrt dich São Paulo: stumm und mit demütig gesenktem Blick deine Wut und Hilflosigkeit zu schlucken. Damit nicht alles noch schlimmer wird.»

«Aber was willst du?», fährt er nach einer Pause fort, groß, hager und etwas wie Schmerz im Gesicht. «São Paulo ist die Mutter. Und die Mutter liebt man.»

Die Stadt schläft nicht und Severino wenig

Severino wohnt im Stadtteil von Butantã, nahe Morumbi, Heimat des Clubs von São Paulo. Aber Severino, aus dem Nordosten gekommen, wo man das Wasser, wenn es denn welches gibt, mit einem Ziehbrunnen aus zehn Metern Tiefe holt, ist Anhänger der Corinthians, und deshalb war der Mann noch nie im Stadion der Gegner.

Er wohnt mit seiner Frau und zwei kleinen Kindern in einem winzigen Apartment. Morgens um vier Uhr hat er den Bus ins Zentrum genommen. Severino liebt diese frühen Stunden, wenn der Bus freie Fahrt hat und die Stadt fast friedlich scheint.

Aber São Paulo schläft nie, und genauso wenig der berühmte Bau in der Mitte, Severinos Arbeitsplatz, das Copan, größtes Wohngebäude der Welt, schwungvoll in den Asphaltdschungel gesetzt vom Architekten Oscar Niemeyer, 1116 Wohnungen, geschätzte 5000 Bewohner, Wahrzeichen und Spiegel der Stadt.

Es ist fünf Uhr morgens, die sanften Linien des gerundeten Kolosses verlieren sich im Dunkel, und zu seinen Füßen treffen die Schatten der Nacht auf die Fleißigen des neuen Tages. Das *Love Story*, berühmter Nachtclub auf der anderen Seite der Avenida Ipiranga, hat eben seine Pforten geschlossen, die Straßenhändler, die warmen Kaffee und Brötchen anbieten, sind umringt von lautem Volk. Lulu, der Transvestit aus Block B, stöckelt vor den fünf Eingängen zur zweiunddreißigstöckigen Kleinstadt, immer noch kampfgerüstet zur späten Stunde.

Erst als Severino, Severino da Silva Filho mit vollem Namen, sie etwas länger anschaut als unbedingt nötig, beschließt Lulu, schlafen zu gehen. Severino trägt ein Funkgerät am Gurt und das Papier um den Hals, das ihn als Aufseher über das Putz- und Wachpersonal des Copans ausweist.

«Jetzt sind wir», plaudert Severino, «wieder stolz darauf, im Copan zu arbeiten. Seit wir begonnen haben, den Komplex zu moralisieren. Noch hat es einige wenige Huren und Transvestiten in Block B. Aber es ist ihnen verboten, Kunden mit in die Wohnung zu nehmen.» Er schaut Lulu nach, die im Lift verschwindet, und mit ihm verfolgen sie einige der hundertachtundzwanzig Kameras, die im Gebäude installiert sind.

Das Copan besteht aus sechs Wohntürmen, die über die Untergeschosse, die Galerie und die Dachterrasse miteinander verbunden sind. Block B ist der vollste mit seinen vierhundertachtundvierzig Studios, jedes fünfundzwanzig Quadratmeter klein, und den hundertzweiundneunzig Einzimmerwohnungen. Wenn es Ärger gibt, weiß Severino, dann meistens hier, und deshalb gilt sein erster Besuch der Portiersloge von Block B.

Eine Equipe von fünfundzwanzig Leuten hat in der Nachtschicht die Eingänge gehütet, die Garage überwacht, die Galerie mit ihren fünfundachtzig Geschäften gereinigt und einen Teil der drei Tonnen Abfälle weggeschafft, die täglich anfallen.

«Tudo tranquilo», versichern die Nachtwärter, keine Fledermaus, die sich in ein Apartment verirrt hat, kein allein gelassener Hund, der die Nachbarn nicht schlafen ließ. Nur in Block D hat eine Frau ihren betrunkenen Mann nicht in die Wohnung gelassen, aber der ging weg, als man ihm mit der Polizei drohte.

«Und Danielle?», fragt Severino, hat sie wohl ihr Puzzle

beendet? Danielle Silva, siebenundzwanzig, siebzehnter Stock, Block B, arbeitet morgens bei einer Bank, nachmittags studiert sie Mathematik, und in der Nacht brütet sie über ihrem Zusammensetzspiel, dreitausend Teile, *Vedute di Roma moderna,* Giovanni Paolo Pannini, 18. Jahrhundert, das Original hängt im Louvre, Paris, und manchmal kann sie nicht aufhören, und dann verlässt sie das Gebäude morgens um sieben Uhr mit geröteten Augen.

Severinos Traum ist es, auch einmal im Copan zu wohnen. Wie Danielle, die sich nirgendwo so sicher fühlt wie hier, im Herzen der Stadt.

Wie Ana Cancela Risso, neunundzwanzigster Stock, Block B. Die sechsundsechzigjährige Witwe aus Uruguay hat sich, angezogen vom magischen Licht hoch über der Stadt, ihr Studio gekauft. Und mittwochs gibt sie, ausgebildete Balletttänzerin, begleitet von ihrem Hund Fred, Tangostunden zwischen den Säulen eines Zwischenstocks, in dem einmal ein Theater geplant war und der seit fünfundvierzig Jahren unvollendet blieb. Glücklich ist sie, richtig glücklich, im Zentrum zu wohnen, wo die Preise günstiger sind als in den noblen Vierteln, und wo sie sich für vier Reais, ein Euro siebzig, in der Coiffeurschule die Haare schneiden lassen kann.

Wie der Architekt Wendel Campanella, dreiunddreißig, zweiter Stock, Block C. Müde von der seelenlosen, protzigen Architektur in den neuen Stadtteilen im Süden der Stadt, ist er ins Zentrum zurückgekehrt, in einen Topos der Moderne, wie er rühmt, nahe der Geschichte, nahe der eigenen Identität. Besonders gefällt ihm, dass im Copan etwas stattfindet, was in São Paulo sonst kaum noch anzutreffen ist, die soziale Durchmischung verschiedener Klassen – auch wenn die Bewohner des Gebäudes, wie in jeder richtigen Stadt, kaum Kontakt haben untereinander. Architekt Wendel Campanella ist ein Bewunderer Oscar Niemeyers, und die Geschichte der Stadt kennt er wie kein anderer.

Das Paris der feuchten Tropen, schwärmten die Barone des Kaffees, das London des feineren Nebels. In den vierziger Jahren des vorigen Jahrhunderts begann die Industrialisierung, die Stadt drängte über das historische Zentrum hinaus und nach amerikanischem Vorbild in die Höhe, «die am schnellsten wachsende Stadt der Welt», so rühmte sich São Paulo, als es 1954 den vierhundertsten Geburtstag feierte. Das Datum war Anlass, den Architekten Oscar Niemeyer mit einem Bau zu beauftragen, der die drängende Wohnungsnot lindern und das neue Selbstbewusstsein der Stadt repräsentieren sollte. Niemeyer, von der Idee beseelt, möglichst viele Menschen auf wenig Raum unterzubringen, um Raum für grüne Plätze zu schaffen, entwarf eine kühne Welle aus armiertem Beton, setzte eine geschwungene S-Kurve in die rechten Winkel São Paulos.

Aber dann gingen die Auftraggeber pleite, der Bau verzögerte sich, und als 1963 die ersten Bewohner einzogen in den Stolz der Moderne, samt größtem Kino der Stadt, 3200 Plätze, da war das Wachstum der Stadt längst nicht mehr zu kontrollieren, die Parks und Freiräume, von denen der Architekt geträumt hatte, gab es nicht, und seine Welle musste sich behaupten in einem Meer von vielgeschossigen Türmen und klobigen Büroklötzen, immerhin mit eigener Postleitzahl: 01066-900.

Das chaotische Wachstum der Stadt führte dazu, dass nun die Straße zwischen Copan und dem Nebengebäude an einer Hausmauer endet; und das ist die zweite Sorge von Severino da Silva Filho an diesem frühen Morgen. Das unbenützte Stück Asphalt, als Parkplatz nicht zu gebrauchen, da die Feuerwehr im Notfall freie Durchfahrt braucht, ist die unsichere Grenze zwischen dem Dschungel der Großstadt und der strikten, mit Bußen und geheimpolizeilichen Maßnahmen gestützten Ordnung in der kurvigen Burg, hundertfünfzehn Meter hoch auf einem Grund von 6006 Quadratmetern. «Wenn wir nicht aufpassen», sagt Severino, «lagern hier schon bald die Bettler, schnüffeln die Straßenkinder ihren Leim, pissen die Huren in die Nischen der Eingänge.»

Alles ruhig an diesem Morgen, aus dessen Dämmerung die Rundungen des Baus nun so hervortreten, wie der Meister es sich wünschte: leicht wie Musik. Mit einem der zwanzig Lifte des Gebäudes fährt Severino ins Untergeschoss, zweihunderteinundzwanzig Autoabstellplätze. «Alle aus Block D2, flüstert Severino, «nur importierte Wagen, gepanzerte Mercedes, arrogante Hummer.»

Block D zählt pro Stockwerk je zwei Vierzimmerwohnungen, fast turnhallengroß, zweihundertsechzehn Quadratmeter. Die übrigen Blöcke, A, B, C und E sind durchmischt, von Studios bis zu Dreizimmerwohnungen, und von dort kommen auch die Besitzer einer Reihe müder, in Brasilien hergestellter Gefährte von Volkswagen und Ford.

Severino braucht jetzt einen Kaffee. Der Aufenthaltsraum im Untergeschoss ist fensterlos, und da die meisten der hundertvier Angestellten wie er selber Immigranten aus dem Nordosten sind, hängen in einem Nebenzimmer auch zahlreiche Hängematten für die Ruhepausen. Mit neunzehn kam Severino aus Paraíba, im Copan fand er seine erste Arbeitsstelle, sieben Jahre lang putzte er die Aufzüge, fünf Jahre war er Portier, nebenbei beendete er seine Primarschule, lernte lesen und schreiben; jetzt ist er fünfunddreißig, Chef der Equipe. Um sieben Uhr hat die Frühschicht den Dienst aufgenommen, er verteilt Seife (dreihundert Liter täglich) und Desinfektionsmittel (hundert Liter), auch eine brennende

Flüssigkeit, welche die Tauben davon abhalten soll, sich auf den Sonnenblenden niederzulassen, die den Schwung des Gebäudes betonen, ein Meter zehn tief, zehn Zentimeter dick. Dann saust er mit dem Lift hinauf auf die Dachterrasse, kontrolliert den großen Tank, der die Bewohner mit dem Nötigen versorgt: 600 000 Liter Wasser täglich. Er winkt Elaine zu, die hier oben ihren einsamen Dienst tut und kein Auge übrig hat für den faszinierenden Blick über eine Stadt ohne Ende. Die Frau verfolgt, im Auftrag der städtischen Verkehrsüberwachung, den Fluss der Fahrzeuge in den Schluchten unter ihr, beobachtet den Viadukt, der hoch über dem Boden die Innenstadt durchschneidet, haarscharf an Wohnblöcken vorbei, als Ventil für das überforderte Straßennetz.

Um acht Uhr meldet Elaine: «Verkehr auf dem Viadukt zäh.»

In den siebziger Jahren erfand sich São Paulo wieder einmal neu, die Industrie floh an die Peripherie, die großen Gesellschaften installierten sich an der Avenida Paulista, später noch weiter südlich an der Avenida Berrini, immer auf der Flucht vor dem Verkehrskollaps. Das Copan wurde zum Symbol für die Degeneration des aufgegebenen Zentrums, das Kino löschte das Licht, die Läden der Galerie blieben leer, und für einige neue Gewerbszweige, welche die ehemals stolze Innenstadt belebten, wie Drogenhandel und Prostitution, bot der babylonische Bau Niemeyers, dessen Name Copan alten Maya-Ruinen abgelauscht ist, den idealen Unterschlupf.

«Sodom und Gomorrha», knurrt Severino. Denn die Transvestiten und die Prostituierten, die im Haus arbeiteten, sagt er, kämen nicht auf die Terrasse, um die Aussicht zu genießen. Jetzt bleibt der Aussichtspunkt samt Hubschrauberlandeplatz geschlossen, Severino öffnet ihn nur noch für die

Architekturstudenten, die aus aller Welt kommen, um das Werk des Meisters zu studieren.

Er geht zuerst einige Schritte die Feuertreppe hinunter, um in den obersten Stöcken die Arbeit des Reinigungspersonals zu inspizieren, dann nimmt er den Lift, um den Kontrollgang im Hinterhof fortzusetzen. Was hat er nicht alles schon gefunden hier, Geld, Flaschen, ganze Fernsehapparate, was sich die Leute nicht alles an den Kopf werfen bei einem Ehestreit, Severino sammelt alles, und wenn er herausfindet, wer die Übeltäter waren, setzt es eine Buße ab. Und, Gott sei's geklagt, wenige Monate ist es her, da haben sie hier auch die Leiche eines Mädchens wegbringen müssen, achtzehn Jahre alt, aus dem achten Stock gestürzt, Liebeskummer.

Über eine schmale Treppe klettert Severino auf das Dach des ehemaligen Kinos, das später zu einer evangelischen Kirche und wegen fehlender Renovierungsarbeiten vor kurzem geschlossen wurde.

Das ist Severinos Lieblingsplatz. Hierher hat er all die Zimmerpflanzen gebracht, welche gleichgültige Mieter hinterlassen haben – manchmal versteht er die Menschen der Stadt nicht. Einen kleinen botanischen Garten hat Severino auf dem Dach des alten Kinos eingerichtet mit ihrem aufgegebenen Grünzeug, und hier krümmt er täglich den Hals und guckt in die Höhe. Und nicht nur, um eine Hausfrau zu ertappen, die verbotenerweise ihre Wäsche heraushängt. Severino ist fasziniert von diesem Blick auf die Rückseite des Gebäudes, viel mehr als von der Vorderfront, die der Meister, verliebt in ihre ästhetische Wirkung, mit so vielen Sonnenblenden ausgestattet hat, dass die Wohnungen im Winter kalt und zugig sind. Die Rückseite aber, selten fotografiert von den Liebhabern der Architektur, ist eine riesige gewellte Fensterfront, unterteilt von schmalen Beton- und Eisenstreben, ein bunter Fleckenteppich, und hinter jedem Fenster, denkt Severino immer, ist ein Leben, eine Geschichte, eine Welt.

Einmal möchte auch er dazu gehören.

Wie sein Arbeitskollege Walter Fedorenko, siebenundfünfzig, vierundzwanzigster Stock, Block F, dessen Vater, ein Russe, jahrelang am Bau des Copans mitwirkte. «Fast alle Arbeiter waren Immigranten», erinnert sich Walter, der jetzt in der Wohnung wohnt, die sein Vater mit einem Kredit der Baufirma erstand, und der Sohn arbeitet ebenfalls im Gebäude, verantwortlich für den Unterhalt, was vor allem bedeutet, verstopfte Leitungen freizumachen: ein Leben im Copan.

Wie Giovanni Rodrigues, vierundvierzig, einundzwanzigster Stock, Block A, Künstlername Bright, der einmal hundert Kanarienvögel besaß und sie alle mit Namen kannte. Jetzt hat er nur noch zwei Tauben, denn Bright ist Zauberer, und er liebt das Copan, das ihm trotz der riesigen Dimensionen vorkommt wie eine Fahne im Wind, auch wenn es eine Zeit gab, da er niemandem zu sagen wagte, wo er wohnte. Aber jetzt, denkt er, ist das Haus wieder eine erstklassige Adresse, dank dem Hausmeister und seiner Mannschaft, und auch das Zentrum ist wieder sicherer geworden, so dass er manchmal sogar zu Fuß zur Arbeit geht: Ins Restaurant Mancini in Boa Vista, eine der besten der 8000 Pizzerias in São Paulo.

Oder wie Dr. Kurt, der im vornehmen Block D wohnt, Stock fünfundzwanzig, und von dem alle nur den Vornamen kennen; wie alle reichen Leute in São Paulo fürchtet Dr. Kurt Entführungen und ist sehr diskret, wenn es ums Private geht. Aber auch er ist zufrieden in seiner geräumigen Stube, eine Fensterfront von neun Meter vierzig, eine Lichthöhe von zwei Meter vierzig. Dr. Kurt kam aus dem Rheinhessischen,

Rechtsanwalt und Unternehmensberater, jetzt ist er achtzig, und würde er nach Deutschland zurückkehren, sagt er, müsste er auf viel Luxus verzichten. «Vielleicht», überlegt Dr. Kurt, «ist São Paulo ja wirklich eine unwirtliche Stadt, aber der Vorteil ist, dass kein Einheimischer das Gefühl hat, in einem Monster zu leben, sondern in einem freundlichen Viertel, einer kleinen Stadt wie Copan, die ihm alle Annehmlichkeiten bietet.» Zum Beispiel den nahen Konzertsaal, der im ehemaligen Bahnhofsgebäude des Zentrums eingerichtet wurde, geschätzt von den besten Dirigenten der Welt – eine Aufführung dort ist Dr. Kurt liebstes Vergnügen.

«Ganz bestimmt», sagt Severino und löst den Blick von der Fassade der tausend Fenster, «einmal werde ich auch hier leben.» Es ist jetzt neun Uhr, der Hauswärter verlässt seine Träume und seine Pflanzen, um dem Chef Rapport abzustatten, das ist Dom Affonso, dem Personal wie ein Vater, der zweite Architekt des Copans.

Affonso Celso Prazeres gehörte zu den ersten Käufern einer Wohnung im Copan, 1963 zog er ein, und als zu Beginn der neunziger Jahre die Präfektur drohte, das verwahrloste Gebäude dichtzumachen, beschloss er, etwas zu unternehmen, um sein Vermögen zu retten. Er ließ sich, der schon Politiker und evangelischer Prediger gewesen war, zum Hausverwalter des Gebäudes wählen, das zu einem Schlupfwinkel des Verbrechens geworden war, und begann mit seinem Kreuzzug der Moralisierung. Von den Freiern ließ er am Hauseingang die Pässe einziehen. Freunde mit militärischen Erfahrungen ließ er die Drogenhändler ausspionieren; die Beweise übergab er der Polizei. Auf diese Weise verzehnfachte sich auch der Wert seiner Wohnung bis heute; im ganzen Komplex sind nur gerade vier Wohnungen frei, zwei zu kaufen und zwei zu mieten.

Und Dom Affonso sitzt an seinem Pult im Verwaltungstrakt des Copans, Block F, zweiter Stock, ein gesetzter, ernster Mann, vor sich hat er auf dem Bildschirm die Informationen der Kameras, die zusammen mit seinem Sicherheitspersonal das Gebäude überwachen. Er selber mag sich außerhalb seiner geschützten Zentrale nicht mehr sehen lassen. Denn von den Leuten, die wegen Drogenhandels im Copan ins Gefängnis kamen, sind unterdessen einige wieder auf freiem Fuß.

«Tudo tranquilo», meldet Severino, dann macht er sich wieder auf seine Kontrollgänge. Um vier Uhr nachmittags ist seine Schicht beendet, um neunzehn Uhr fängt wieder der Unterricht an. Um seinem Ziel näher zu kommen, eine Wohnung im Copan, holt Severino Silva da Filho auch die Sekundarschule nach.

Farben, Musik und Bewegung – das ist Brasilien, daraus entsteht seine Kultur, das beflügelt seine Künstler. Tänzer und Musiker werden auf der ganzen Welt nicht weniger bewundert als die Fußballer, nur weniger gut bezahlt. Die brasilianischen Telenovelas rühren Millionen von Zuschauern, aber immer wieder gibt es auch ernsthafte Filme, die Grenzen sprengen. Brasilianische Performance- und Videokünstler haben eine internationale Ausstrahlung.

Das Gleiche kann man von der Literatur nicht behaupten. Seit Guimarães Rosa, Clarice Lispector, Jorge Amado, Gilberto Freyre trägt die Literatur wenig dazu bei, Brasilien der Welt näherzubringen. Paulo Coelho betreibt erfolgreich seine Apotheke für literarische Selbstheilungen, aber nicht viele neue Namen sind hinzugekommen. Chico Buarque, der als Sänger berühmter ist, João Ubaldo Ribeiro, Rubem Fonseca gehören dazu, aber im Vergleich zu Argentinien, Mexiko, Kolumbien, Peru oder Chile ist die Literaturszene bescheiden. Vielleicht hat es damit zu tun, dass die Brasilianer wenig lesen. Vielleicht werden weniger Bücher übersetzt, weil der Resonanzraum der portugiesischen Sprache geringer ist. Vielleicht aber ist das Land selber eine Art Literatur geworden, die jeden Schriftsteller klein und unbedeutend macht, der sich daran zu schaffen macht. Literatur, sagt der peruanische Nobelpreisträger Mario Vargas Llosa, sei die raffinierte Kunst, mit Lügen eine Wahrheit zu verbreiten. Brasilien ist eine wahre Erzählung, verfasst von Millionen von Lügnern. Eine einfache Arbeitslosenstatistik, von der Regierung veröffentlicht, ist ein Meisterwerk der Fiktion.

Jede Regierungserklärung ist der tapfere Versuch, menschlichen Unzulänglichkeiten eine Hoffnung zu geben.

Das Privileg der Poeten, schöne Worte zu machen ohne jede Wirkung, ist ihnen von den Politikern gestohlen worden. Aber die Brasilianer sind versessen darauf, ihren eigenen Lügen Glauben zu schenken, und weil der Glaube an eine bessere Zukunft das Land ebenso vorantreibt wie das Öl aus der Tiefsee und das Ethanol aus dem Zuckerrohr, haben es die Schriftsteller schwer. Gegen diese reale Magie ist keine Literatur gewachsen.

Aber es gibt in Brasilien wunderbare Chronisten. Sie registrieren, konstatieren die Abgründe zwischen Propaganda und Wirklichkeit, leiden mit, ohne zu verzweifeln – die Fähigkeit zu einer tiefen Menschlichkeit, welche nur ein Land mit so vielen Widersprüchen, so vielen Gegensätzen und so viel Gewalt produzieren kann. Mein Liebling ist Luís Fernando Veríssimo, sechsundsiebzig, der Altmeister unter Brasiliens Chronisten. Seine Kolumne erscheint in den großen Zeitungen des Landes.

Auf die Nachricht, dass eine «Kommission der Wahrheit» die Menschenrechtsverbrechen der Militärs während der Diktatur aufklären werde, reagiert er mit einer Fabel.

«Die einzige Möglichkeit, mit einem Elefanten in der Stube zusammenzuleben, ist, so zu tun, als gäbe es ihn nicht. Ihn zu ignorieren. Wenn ein unvorbereiteter Besucher fragen sollte, was ein Elefant macht in Ihrer Stube, so kann es nur eine Antwort geben: ‹Welcher Elefant?› In Brasilien haben wir uns daran gewöhnt, mit Elefanten zusammenzuleben. Ein Beispiel: Dreißig Jahre nach Beginn der im Jahr 1964 eröffneten ‹Ausnahmezeit› (Diktatur) untersucht eine Kommission, was damals wirklich geschah. Fast dreißig Jahre lang wurde diesem Elefanten keine Aufmerksamkeit geschenkt, er lebte unter uns wie ein Verwandter, der kaum störte. Die Kommission wird die Untaten von damals nicht bestrafen. Die Kriminellen sind schon amnestiert, sollten sie identifiziert werden, wird ihnen nichts geschehen. Aber wenigstens gibt man zu, dass der Elefant existiert. Und zitiert ihn vor Gericht.»

Das ist Luís Fernando Veríssimo. Kleidet die Wahrheit in eine schöne Geschichte.

Kaum hatte ich mein Gesuch um ein Interview abgeschickt, erkrankte der Mann schwer, und als es ihm wieder etwas besser ging, bat mich der Verleger, dem Meister zu dessen Schonung die Fragen schriftlich zukommen zu lassen.

Rasch entwarf ich den Katalog meiner Unruhe, dessen sachkundige Behandlung mich zu einem glücklicheren Menschen machen sollte. Nachdem ich ihn endlich auch noch übersetzt und abgeschickt hatte, erlitt der Mann einen Rückfall, und danach war klar, dass es nichts anderes mehr zu tun gab, als dem geschätzten Chronisten gute Besserung zu wünschen und seine Kräfte nicht weiter mit einem eh recht zweifelhaften Anliegen zu beanspruchen.

Ich war etwas ratlos, aber dann hörte ich Ismael lachen, und plötzlich wusste ich, wem ich meine Fragen ebenfalls stellen konnte.

Ismaels Lachen ist so tief wie das Wasser des Atlantiks und so beruhigend wie sein Wellenschlag, der wenige hundert Metern von unserem Häuserblock entfernt ans Ufer schlägt.

Ismael Alves dos Santos ist der Nelson Mandela unserer kleinen Straße in Leme am Ende der Copacabana und am Fuß einer Favela. Ein Mann Mitte sechzig mit einem weißen Haarkranz, Freund aller Kinder der Umgebung, Vermittler zwischen Hügel und Asphalt, immer ein gutes Wort auf der

Zunge. Ismael gehört zur Truppe von *Porteiros*, die sich den Wach- und Reinigungsdienst in unserem mittelständischen Gebäude aufteilt.

Ismael wuchs in Recife auf, im Nordosten Brasiliens, sein Vater war Hafenarbeiter, dreizehn Kinder. Verantwortungsvolle Eltern, sechs Schuljahre, Fußball, Tanzen, Mädchen, und dann, mit achtzehn, wies ihn das Militär zurück, er wurde in die Reserve eingeteilt.

Damals habe er geweint, so hörte ich ihn mehrmals erzählen. Wenn er Spätdienst hat, sitzt er am Eingang, hört Radio oder sieht fern, und dabei hat er auch immer Zeit für einen Schwatz. «Tudo bem», sagt Ismael, das ist seine Begrüßung, und nur, wenn er von dieser Niederlage berichtet, steigt ein alter Schmerz in ihm auf. Als ich ihn fragte, was daran so schlimm gewesen sei, zur Reserve versetzt zu werden, antwortete er: «Ich hätte etwas lernen können.» Mit neunzehn verliebte er sich in ein Mädchen, eine Blondine, wie er gern betont. Das gefiel ihren Brüdern nicht, und nach einer wilden Schlägerei, bei der einige Knochen brachen, aber nicht seine eigenen, schien es ihm angeraten, Recife zu verlassen und nach Rio de Janeiro zu kommen.

Hier verkaufte er den Touristen seine Schnitzereien, arbeitete in Supermärkten und Reinigungsfirmen, ließ sein Haar zur wilden Mähne der Black-Power-Bewegung wachsen. «Show de Bola», lacht Ismael, und auch dieser Ausruf, mit dem die Brasilianer ein gelungenes Dribbling bejubeln, gehört zum ständigen Repertoire der guten Laune. «Show de Bola, ich war ein Mensch ohne Ziel und Richtung, aber meine Frau hat mich auf den richtigen Weg gebracht.»

Seine Frau lernte er an einem Tanzabend kennen. Er war es, der die Musik auflegte, ihre Kruselhaare waren so lang und ungebärdig wie die seinen, und sie tanzte mit seinem

Cousin. Der Cousin war Marinesoldat und trug eine hübsche Uniform. Aber er, Ismael, kannte die richtigen Worte, die man einer Frau ins Ohr flüstern muss. An ein paar Sonntagen gingen sie zusammen aus, sie war Verkäuferin in einem Supermarkt, er lernte ihre Tochter kennen, die ihn nicht besonders mochte, und bei der nächsten Verabredung versetzte er sie. Ismael war mit einer anderen zusammen, in einer Favela, in die sich kein Fremder wagte. Aber hier fand ihn seine Noelia, sagte bloß: «Ich hab auf dich gewartet!» Er heiratete, sie bekamen einen Sohn, Ismael arbeitete fünfzehn Jahre lang in einer Fabrik für Elektroteile, wo er seine Sekundarschule nachholte. Als der Betrieb schloss, war er Lastwagenfahrer und Buschauffeur. Seit einigen Jahren arbeitet er als *Porteiro* und ist die gute Seele in unserem Quartier. Manchmal rennt er, wenn die Arbeit beendet ist, den Strand hinauf und wieder zurück, acht Kilometer.

Wir treffen uns an seinem arbeitsfreien Tag. Ismael bestellt ein Wasser.

Ismael, frage ich, was muss ich lernen, um im Herzen ein Brasilianer zu werden? Fußball spielen? Oder schöner träumen? Oder besser lügen?

«Lügen nicht. Wer lügt, stellt sich seine eigenen Fallen. Fußball spielen nicht. Der Fußball heute ist einen Dreck wert. Träumen ist immer gut. Aber Brasilianer sein heißt spontan sein und gastfreundlich, du musst Charisma haben und authentisch sein. Aber nicht immer nur lächeln. Du musst auch streng sein können.»

Weil viele Brasilianer immer lächeln?

«O ja, das ist die große Wahrheit. Viele Brasilianer lächeln, und es ist nicht immer echt.»

Also doch schöner lügen?

«Ja, nimm das auf in deinen Katalog. Eine kleine Lüge, die

das Leben angenehmer macht, schadet niemandem. Auch das gehört zum Brasilianer.»

Bedeutet das vielleicht auch, dass die Leute gar nicht so glücklich sind, wie sie behaupten?

«Es ist ein Spiel, das solltest du verstehen. Brasilien ist ein Spiel. Die Leute verstecken sich gern. Niemand gibt gern zu, dass er unglücklich ist. ‹O ja, Brasilien ist wunderbar, es geht mir gut.› Das sagen sie, auch wenn jeder sieht, dass es nicht stimmt.»

Ist der Fußball die Kunst, die Probleme zu vergessen?

«Ganz exakt, so ist es. Du vergisst, was deine Kinder brauchen, gesunde Kost, eine gute Schule, einen sicheren Schulweg. Du gehst zum Fußball und denkst nicht mehr daran. Ebenso wie der Karneval. Die Leute gehen hin, um zu vergessen. Geben Geld aus, das danach fehlt. Und sind glücklich damit. Aber es ist ein Glück, das nichts mit der Realität zu tun hat.»

Hast du schon daran gedacht, dass es in der Geschichte dieses Landes nie eine wirkliche Umwälzung gegeben hat, dass die Freiheit nie erobert wurde?

«Ich denke viel daran. Weil das Volk die Konsequenzen daraus zu tragen hat. Und die Mehrheit des Volkes ist schwarz, so wie ich. Jetzt teilt die Regierung den Schwarzen eine Quote zu, um an die Universität zu kommen. Das ist lächerlich. Für mich ist das eine Diskriminierung. Die Regierung soll gute Schulen hinstellen, damit alle fähigen Kinder die Möglichkeit haben, an der Universität zu studieren. Von den zivilen Regierungen bin ich enttäuscht. Unter dem Militärregime gab es leider keine Freiheit, aber man lebte gut, und man sah diese brutale Korruption nicht, die man heute sieht. Jetzt habe ich viele Rechte, um zu reklamieren, aber niemand hört auf mich. Ich lebe immer noch auf einem Minenfeld. Ich weiß nicht, wo ich hintreten darf, und ich weiß nie, wann es mich in die Luft sprengt.»

Wie meinst du das, Ismael?

«Ich will es dir erklären. Ich lebe in einer Favela mit dem Namen Morro do Amor, Hügel der Liebe. Andere Favelas sind von der Polizei besetzt worden, die Polizei hat die Banditen und Drogenhändler vertrieben, und das Fernsehen filmt, wie Kinderkrippen und Gesundheitszentren eingerichtet werden. Aber die Banditen und Drogenhändler sind nicht vom Erdboden verschwunden. Einige von ihnen sind bei uns eingezogen. Und jetzt sehe ich, dass mein Nachbarhaus zu einem Umschlagplatz für Diebesgut geworden ist. Was soll ich tun? Ich tue, als würde ich nichts sehen, auch die Maschinenpistolen nicht, die gar nicht leicht zu übersehen ist. Aber was, wenn die Polizei kommt? Wird sie mich als Mitwisser verhaften? Als Mittäter? Alles möglich, mein Lieber, und deshalb lernen wir zu lächeln, verstehst du?»

Ich verstehe nicht, warum die Brasilianer sich nicht wehren. Wieso lassen sie sich von einer kleinlichen und arroganten Bürokratie schikanieren?

«Es ist einfach. Die Beamten fühlen sich gut, wenn sie ihre Macht zeigen können. Wenn sie uns warten lassen in der Schlange. Und wir ertragen es. Klatschen sogar Beifall. Das ist kulturell bedingt. Ich selber bin nicht anders. Wir Brasilianer reagieren nicht, und deshalb geht es nicht vorwärts mit dem Land.»

Müsste es so vielen wunderbaren, intelligenten Menschen nicht gelingen, ihr Zusammenleben etwas besser zu organisieren?

«Es gelingt nicht, weil die Intelligenz nichts zählt. Wer intelligent ist, aber kein Geld hat, zählt nichts. Wer Geld hat und nichts als Stroh im Kopf, der wird umarmt. Das schmerzt mich. Brasilien ist ein reiches Land. Aber um wirklich ein großes Land zu sein, ist es zu blöd. Weil dem Wissen kein Wert gegeben wird. Lula hat begonnen, den Armen Geld zu geben. Das ist wunderbar für die Regierung, weil sie wieder gewählt wird. Für das Land ist es schädlich. Ich weiß es, weil ich die Folgen sehe. In der Favela, wo ich lebe, haben die jungen Mädchen keinen Ehrgeiz, um zu studieren. Sie wollen möglichst bald Kinder haben, um an die Sozialgelder zu kommen.»

Was würdest du machen, wenn du etwas befehlen könntest?

«Gütiger Gott! Gib Bildung, und du hast ein großes Land. Ich würde die Arbeit der Lehrer honorieren. Ich würde ihnen einen guten Lohn geben, ihnen, den Krankenschwestern, den Polizisten. Damit wäre Brasilien gerettet.»

Aber Brasilien wird ohnehin von den Frauen regiert, und deshalb brauchen wir darüber nicht weiter zu reden. Richtig?

«Mein Freund, ich will dir jetzt etwas erzählen. Ich war noch nicht verheiratet, ich war betrunken und weiß nicht mehr, wieso ich unbedingt meine Noelia besuchen wollte. Aber da stand sie mit dem Besen in der Hand, bereit mich zu verhauen, da stand sie und sagte, das ist deine letzte Chance, und wenn du dich nicht an meine Regeln halten willst, dann verschwinde jetzt gleich. Welcher Segen war diese Frau für mich. Dankbar bin ich ihr bis heute dafür, dass sie mir den Weg gewiesen hat. Ja, die Frauen haben diese wunderbare Fähigkeit, ein Ziel zu sehen und es zu erreichen.»

Was kann die Welt lernen von Brasilien?

«In der großen Mehrheit sind wir friedfertig Leute, und viele geben sich Mühe, einander beizustehen. Es gibt viel menschliche Wärme, eine affektive Kraft, die macht, dass man trotz allem froh aufsteht und sich gut fühlt.»

Etwas von diesem Optimismus möchte ich auch haben. Kannst du mir einen Rat geben?

«Zugegeben, etwas verrückt musst du schon sein. Auch das gehört zu unserer Kultur. Wir wissen, dass wir in der Scheiße stecken, aber sind mit wenig zufrieden – Show de Bola. Dafür gibt es keine Erklärung. Freude und Liebe. Umarm den, der kommt, den einen mehr, den andern weniger, das ist die Mystik, ich kann es nicht erklären, auch wenn ich gerne möchte. Aber du wirst es schon lernen. Diese Spontaneität, die wir haben, diesen Hüftschwung!»

Ich weiß, Ismael, diese elegante Art, den Problemen auszuweichen.

«Mein Land ist so, mein Lieber, ergib dich dem Klima, nimm es auf und lass dich mitziehen. Das ist die einzige Chance, die du hast. Oder du wirst doch nicht etwa glauben», sagt Ismael und beginnt zu lachen, «du glaubst doch nicht ernsthaft, dass sich Brasilien verändern wird?»

Sanft schlägt sein Lachen ans Ufer meiner Seele, es lockert jeden Widerstand, jetzt lachen wir beide wie zwei Verrückte, und ich bin wieder auf schönste Weise besiegt.

Inhalt